천손의 나라
대한민국

천손의 나라 대한민국

발행일   2023년 2월 26일 초판 1쇄
저 자   박석재
발행처   상생출판
발행인   안경전
주 소   대전 중구 선화서로 29번길 36(선화동)
전 화   070-8644-3156
F A X   0303-0799-1735
홈페이지   www.sangsaengbooks.co.kr
출판등록   2005년 3월 11일(제175호)
ISBN   979-11-91329-45-2

그림 및 사진 제공 : 상생방송 및 한국천문연구원 등

천문학자의 눈으로 보는

K-History K-Cosmos K-Spirit

천손의 나라
대한민국

천백 박 석 재

상생출판

대한민국의 근본은 하늘이다. 대한민국은 하늘을 빼면 설명이 되지 않는 나라다. 애국가에 나오는 '하느님'은 하늘을 숭상하는 배달 민족의 전통을 말해 주고 있다. 오죽하면 개천절, 하늘이 열린 날이라는 공휴일까지 가지고 있을까. 이런 사실만으로도 지구상에 한국인만큼 하늘을 숭앙한 민족이 없다는 사실을 깨닫게 된다. 한국인은 하늘의 자손, 천손인 것이다.

최근 대한민국도 다민족국가로 변해가고 있지만 여전히 한국인, 한국어가 주류를 이루는 나라다. 대한민국은 천손의 나라인 것이다. 천손이 무엇인가? 하늘의 뜻에 따라 살아가는 사람들이다. 하지만 하늘의 뜻을 알아야 따르고 말고 할 것 아닌가. 하늘의 뜻을 따르려면 공부해야 한다. 그래서 천손은 태어나서 죽기 하루 전날까지 공부해야 한다.

천손의 나라 대한민국을 이해하려면 반드시 다음 세 가지를 공부해야 한다.

1. 천손의 역사 K-History
국호 대한민국을 외치며 웅혼한 국사를 깨달아 개천을 기린다

2. 천손의 우주 K-Cosmos
국기 태극기를 휘날리며 심오한 국학을 깨달아 개벽을 꿈꾼다

3. 천손의 정신 K-Spirit
국가 애국가를 부르며 거룩한 국혼을 깨달아 인생을 바꾼다

이 세 가지를 더 열심히 공부하고 실천에 옮기려는 사람을 한국인들은 '선비'라고 부른다. 한마디로 이 책은 선비가 되는 지름길 입문서다. 선비라는 단어에는 한국인의 자존심과 자부심이 담겨 있다. 한국인의 옛 그림에는 언제나 초당에 앉아 공부하는 선비가 나온다. 한국인이라면 누구나 귀거래 후 누리고 싶은 선비다운 삶의 모습이다.

선비는 죽음을 두려워하거나 곡학아세하지 않는다. 오직 천손의 최고 경지인 신선이 되기 위해 노력할 뿐이다. 한국인들은 사람이 죽었을 때 선화, 즉 신선이 됐다고 말한다. 죽어서도 뜻을 이루라고 위로해주는 것이다. 대한민국은 천손의 나라, 선비의 나라, 신선의 나라다.

끝으로 이 책의 내용은 정치, 종교, 지연, 학연 등과 무관함을 밝혀둔다. 저자는 특정 정당의 당원도 아니고 종교도 없다. 단지 저자를 한국인으로 태어나게 한 애국가의 하느님과 선화하신 부모님께 감사의 기도를 드리고 싶을 뿐이다.

2023년 2월 26일
사단법인 대한사랑 창립 10주년을 맞이하여

차 례

천손의 정신 *K-Spirit*

부록

국호 대한민국을 외치며
웅혼한 국사를 깨달아
개천을 기린다

천손의 역사

K-History

위대한 역사책 '환단고기'

대한민국에는 '환단고기'라는 위대한 역사책이 있다. 독립투사 계연수가 1911년에 발행한 이 책 제목은 '환인, 환웅, 단군의 옛 기록'이란 뜻이다. 여기서 환인, 환웅, 단군은 각각 환국, 배달, 조선이라는 나라의 통치자를 말한다. 이런 이유로 세 나라를 환인환국, 환웅배달, 단군조선이라고 부르기도 한다. '환단고기'보다 대한민국의 서기전 환국 → 배달 → 조선 국통맥을 잘 기술하고 있는 역사책은 없다고 해도 과언이 아니다.

계연수의 '환단고기' 출간 100주년이 되던 해인 2011년 민족종교 증산도의 안경전 종도사는 완벽에 가까운 역주본을 세상에 내어놓았다. 무려 600페이지의 해설과 800페이지의 번역을 합쳐 총 1,400페이지로 출판된 이 책은 각고의 세월 30년이 지나서야 비로소 세상에 나왔다.

'환단고기'는 1911년 계연수가 전해 내려오는 5권의 역사책을 모아 편찬했다. 각 책의 저자는 물론 출판된 시대와 배경이 모두 다르다.

안함로의 '삼성기 상'
원동중의 '삼성기 하'
이암의 '단군세기'
범장의 '북부여기'
이맥의 '태백일사'

'환단고기'가 기술하는 환인환국, 환웅배달, 단군조선 시대를 삼성조시대라고 부른다.

1. 환인환국 : BC 7197년부터 BC 3897년까지
   3,301년간 7명의 환인이 다스린 나라
2. 환웅배달 : BC 3897년부터 BC 2333년까지
   1,565년간 18명의 환웅이 다스린 나라
3. 단군조선 : BC 2333년부터 BC 238년까지
   2,096년간 47명의 단군이 다스린 나라

첫 환인 안파견이 환국을 개국한 BC 7197년은 거의 1만 년 전이다. 빙하기가 끝나던 당시 얼음이 녹으면서 지구는 급격한 기후 변화를 겪게 된다. 몽골 지방에 여름 장마가 있었고 바이칼 호수 지방은 비옥한 땅이었다. 이런 기후와 농경민보다 유목민이 거대한 나라를 이룰 수 있다는 사실을 고려하면 환국의 중심이 파미르

• 100주년을 기념해 발행된 안경전의 '환단고기'

K-History

※지도에 표시된 환국의 각 나라별 위치는 「환국본기」를 기준으로 추정한 위치이므로 연구가 더 필요하다.

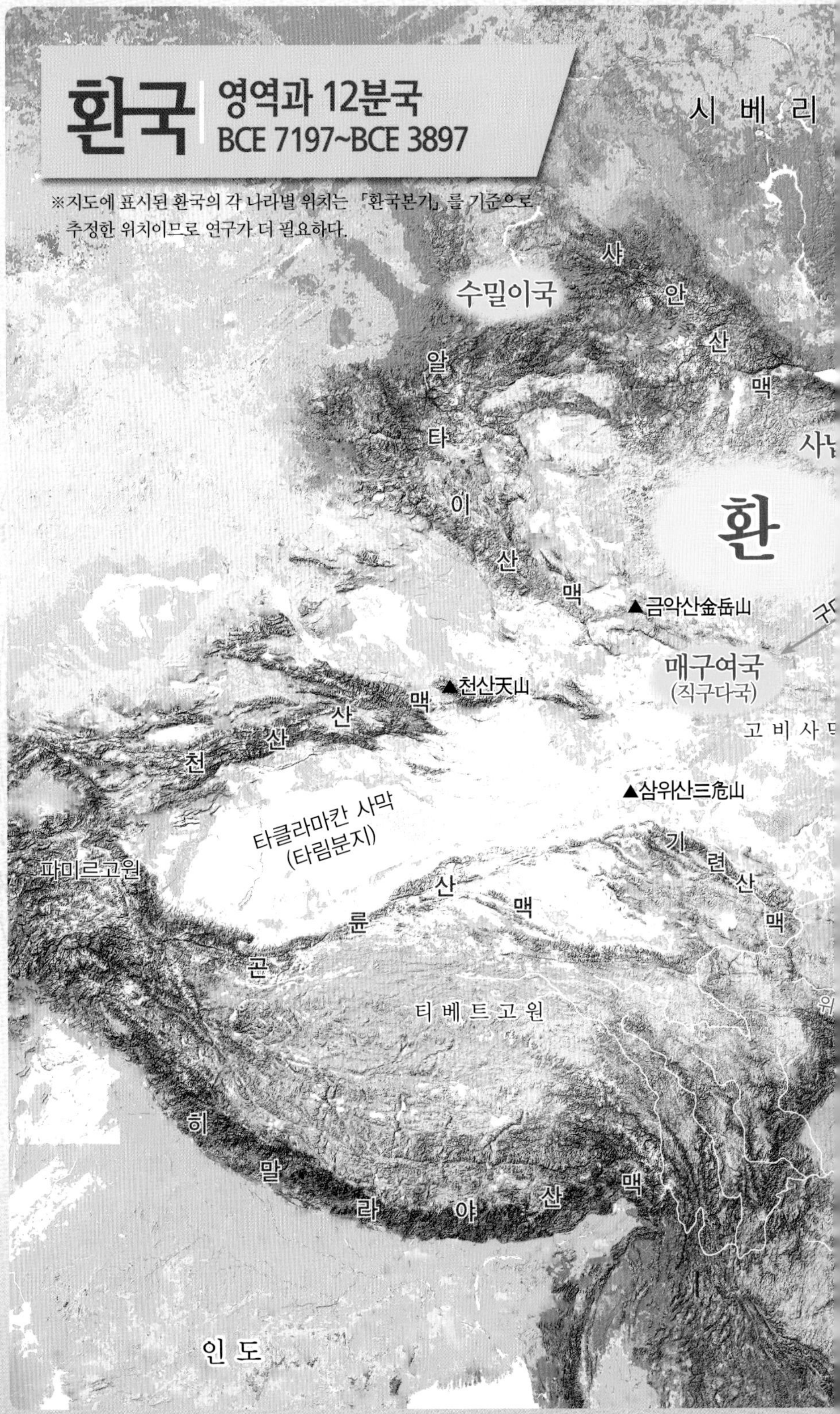

시 베 리

수밀이국

샤
안
산
맥

사ㄴ

알
타
이
산
맥

환

▲금악산金岳山

국

매구여국
(직구다국)

▲천산天山

천
산
산
맥

고 비 사 ㄷ

▲삼위산三危山

타클라마칸 사막
(타림분지)

기
련
산
맥

파미르고원

곤
륜
산
맥

위

티 베 트 고 원

히
말
라
야
산
맥

인 도

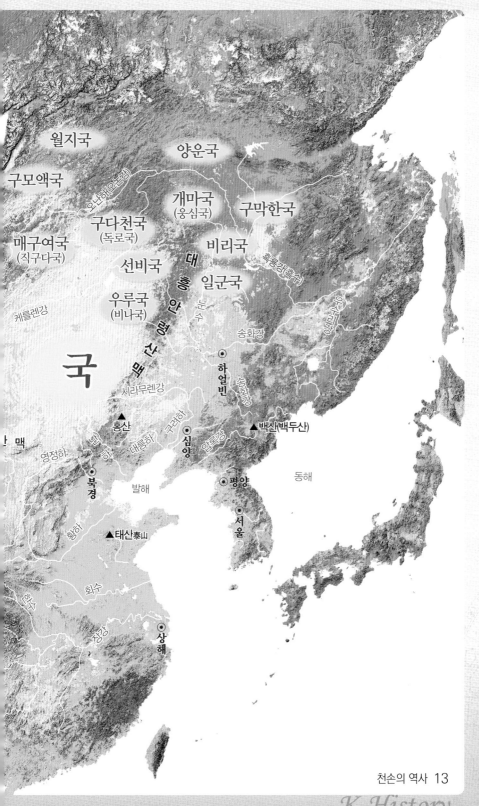

월지국

양운국

구모액국

개마국
(웅심국)

구막한국

오난해(오르콘강)

구다천국
(독로국)

비리국

매구여국
(직구다국)

선비국

대흥안령산맥

일군국

우루국
(비나국)

눈수

흑룡강(흑수)

우수리강

케를렌강

국

송화강

하얼빈

송화강

시라무렌강

홍산

구려하

대릉하

심양

백산(백두산)

동해

산맥

영정하

난하

압록강

발해

북경

평양

황하

태산泰山

서울

회수

상해

K-History

고원 근처였다는 '환단고기'의 기술이 저절로 이해가 간다.

'환단고기'의 '삼성기 상'에 의하면 환국은 12개의 나라로 잘게 나뉘어 있었다. 하지만 사료가 거의 없어 3,301년 환국 역사는 연구가 쉽지 않다. 총 7명의 환인이 그 긴 시간 동안 통치했다는 부분도 글자 그대로 믿기는 어렵다. 하지만 유라시아 대륙에 사는 여러 민족 역사에 아득한 옛날 커다란 나라가 있었다는 내용이 공통으로 나타나고 있다는 점을 고려해야 한다. 환국은 아마 상징적인 나라였을 것이다.

환국을 꼭 배달 민족만의 시원으로 보기도 어렵다. '환단고기'에 따르면 환국에서 내려와, 환웅은 태백산에 배달 민족 나라를 세웠고 반고는 삼위산에 화하 민족 나라를 세웠다고 한다. 따라서 중국도 충분히 환국을 자기네 시원이라고 주장할 수 있다. 삼성조시대 중 개천으로 개국한 배달부터는 분명히 대한민국의 역사지만 환국은 유라시아 모든 민족의 공유된 역사다. 어쨌든 대한민국의 역사를 환국 포함 '1만 년'이라고 해서 문제가 될 것은 없다고 본다.

개천으로 시작한 대한민국

'환웅이 풍백·우사·운사 세 신하와 3천 명의 천손을 거느리고 태백산 신단수 아래로 내려왔다. 호랑이 부족과 곰 부족 같은 지손은 환웅에게 천손이 되고 싶다고 간청했다. 환웅이 쑥·마늘을 먹으며 수양할 것을 요구하자 호랑이 부족은 포기했다. 하지만 곰 부족은 이를 완수해 여왕은 환웅의 아내가 되는 영광을 누린다……'

'환단고기'에 담긴 개천의 모습이다. 지금으로부터 약 6천 년 전 첫 번째 환웅 거발환이 환국에서 3천 명의 천손을 이끌고 해가 뜨는 광명의 땅으로 내려온 역사적 사건이었다. 이리하여 배달국은 BC 3897년 태백산에 자리를 잡게 됐다.

북방계 한국인의 조상들은 빙하기 직후부터 집중적으로 내려왔고 환웅이 3천 명의 천손을 이끌고 내려온 것이 거의 마지막 단계였다. 남방계 조상들은 육지였던 서해를 통해 빙하기부터 올라왔다. 그리하여 남방계와 북방계가 만나 '한국인'이 태어났다.

아스라이 먼 옛날 종교는 현대보다 훨씬 더 중요한, 절대적 역할을 했다. 개천은 약 6천 년 전에 일어났으므로 3천 년도 안 된 현대 종교들과 아무런 상관이 없다. 따라서 환웅배달 시대를 이해하려면 당시 천손의 종교, 신교를 알아야 한다. 먼저 둥근 천단에서 하늘, 하느님을 향해 제사를 지내는 천제를 가장 중요하게 여긴 신교에 대해 알아보자.

K-History

환

알
타
이
산
▲금악산(알타이 산)
맥

천해

이 길과 하이뼈
조시 팔기 치능돈든
K하

맥
산 천산天山
산
천

타클라마칸 사막
(타림분지)

고 비 사 막

●삼위산三危山
납림동굴(돈황)

삼황三皇	수인씨 (연대 미상)
	태호복희 (BCE 3528~BCE 3413)
	염제신농 (BCE 3218~BCE 3078)
	황제헌원 (BCE 2692~BCE 2593) : 황제헌원은 삼황 또는 오제로 분류하기도 한다.
오제五帝	소호금천 (BCE 2598~BCE 2514)
	전욱고양 (BCE 2513~BCE 2436)
	제곡고신 (BCE 2435~BCE 2365)
	요 (BCE 2357~BCE 2258)
	순 (BCE 2255~BCE 2208)

유망 : 염제신농의 8세 후손 (BCE 2758~BCE 2688)

※중국에서 표기하는 삼황오제 연대는 『죽서기년』에 의거하여 산정한 것이므로 『환단고기』의 연대와 차이가 있다.

오논 강(오난하)

대
흥
안

령

산

배

국

맥

구려하

치우천황의
청구국①

14세 치우천황의 청구 천도

▲홍산   대극성

단
양

대릉하

낙랑

북
경

달

신지씨

▲태백산(백산)

신시

심
양

발해

고시씨

평
양

환웅천황의 태백산
신시 개천
(BCE 3897)

서
울

동해

치우천황의
청구국②

맥 대요

탁록

영정하

제헌원   창힐

전욱고양   삭도

태
원   황하

제구帝丘

천阪泉   태호복희

유망   진류(공상)

제곡고신

회淮

▲열산列山

▲태산
대岱

소호금천

회수

상
해

삼묘三苗

양자강

▲도산塗山(회계산)

⟵ 치우천황의 서토경략 경로

K-History

환웅배달의 대표적 유적이 홍산문명 유적이다. 홍산문명 유적에는 반드시 원 모양의 천단이 있다. 바로 여기서 배달 민족의 천제 원형이 펼쳐졌다. 이는 하늘이 둥글다는 신교의 사상을 반영한 것이다. 마찬가지로 사각형 모양의 무덤들은 땅이 네모졌다는 신교의 사상을 반영한 것이다. 여기에 세모진 사람 모양이 추가돼 천·지·인은 각각 원·방·각이 됐다.

홍산문명 유적 발굴은 세계의 이목을 집중시킨 역사적 사건이었다. 이 유적은 지난 세기 중국 요령성 지역에서 발견됐는데 황하문명보다 1,000~2,000년 앞섰다. 유적 주위 산들이 마치 화성 표면처럼 철광석 성분이 많은 흙으로 조성돼 붉게 보이기 때문에 홍산이라는 이름이 붙여졌다. 홍산문명 유적지 중 우하량에서 16곳을 발굴했는데 13곳이 적석총이었다. 적석총은 배달 민족의 대표적인 무덤 양식이다.

우하량 신전에서는 여신상, 곰, 새의 소조상 등도 발굴됐다. 곰과 새를 신성시한 토템 신앙의 산물인데 이것도 배달 민족 문화다. 또한 다양한 옥 장신구와 신물이 출토됐는데 그 중 옥검은 비파형 동검과 똑같은 모양을 하고 있어 환웅배달의 문화가 홍산에서 비롯됐음을 증명하고 있다. 심지어 옥으로 만들어진 누에까지 나와 환웅배달 시대에 이미 비단옷을 입었다는 사실을 증명해주고 있다.

배달 민족은 유라시아 대륙의 동쪽을 지배했다. 음양오행 우주를 창시한 태호복희는 배달 5대 태우의 환웅의 막내아들이라고 '환단고기'는 기술하고 있다. 그러니까 복희는 약 5,500년 전 배

• 중앙 둥근 천단이 있는 우하량 유적   • 눈에 옥이 박힌 여신상

K-History

달 사람이었다. 그런데 복희는 태극기를 만들었으니, 이 말은 태극기가 5,500년 됐다는 말과 똑같다. 세계 어떤 나라가 5천 년이 넘은 국기를 가지고 있는가.

태호복희는 대륙으로 건너가 중국문화의 시원을 일궜다. 중국 입장에서 볼 때 그는 동쪽에서 온 신과 같은 존재였다. 그리하여 중국에서 삼황오제의 으뜸으로 숭배를 받고 있다. 화려하게 치장된 태호복희의 묘소가 중국 여러 지역에 있고, 지자체들은 서로 자기 것이 진짜라고 주장하고 있다. 하지만 정작 출생지는 없는데 이는 복희가 배달 민족이었기 때문이다. '환단고기'는 복희의 묘소가 산동성 어대현 부산에 있다고 전한다.

'환단고기'에는 7명의 환인, 18명의 환웅은 물론 8명의 삼황오제 등 족보가 나온다. 여기서 삼황오제의 삼황은 태호복희, 신농염제, 헌원황제를 말하고 오제는 소호금천, 전욱고양, 제곡고신, 요, 순을 말한다. 유라시아 대륙 동부의 역사는 사실상 배달 민족의 역사였던 것이다.

염제신농은 8대 안부련 환웅 때 강수 감병관으로 갔던 소전의 아들로 태어났다. 강수에 살면서 성을 강으로 정해 인류 성씨의 기원이 됐다. 농경과 의학의 시조로 인정받을 정도로 공이 커 염제 칭호를 얻게 됐다.

이외에도 환웅배달의 영웅으로 치우천자가 있다. 대한민국 국가대표 축구응원단 '붉은 악마'로 유명한 치우천자는 배달의 14대 자오지 환웅이다. 사마천의 '사기' 주석에 치우가 최초의 천자로 호칭되고 있음은 잘 알려진 사실이다. 치우천자는 백두산 신시에 있던 배달 수도를 서토를 정벌하기 위해서 청구로 옮겼던 위대한 영웅이다. 대한민국에서는 국가대표 축구응원단 '붉은 악마'가 치우를 지켜내고 있다.

• 붉은 악마의 상징 치우천자

배달 8대 안부련 환웅 때 공손욱은 짐승을 잘 기르지 못해 유웅국이라는 곳으로 귀양을 갔다. 바로 공손욱의 10대손이 바로 공손헌원이니 그도 배달 민족이었다. 그는 비범한 통솔력과 뛰어난 지략 덕분에 대부족장이 돼 강한 군대를 육성했고 농사와 치수를 발전시켰다. 하지만 스스로 유웅국 황제가 돼 교만해진 나머지 신교를 부정하는 등 배달에 도전적인 모습을 보였다. 그리하여 탁록에서 치우천자와 10년 동안 73번을 싸웠으나 모두 패하고 사로잡히는 몸이 됐다.

K-History

하지만 중국에서는 여전히 '최초의 황제'로 받들어지고 있다. 중국의 대표적인 역사책 사마천의 '사기'는 황제헌원에서 시작한다. 감히 태호복희나 염제신농에서 시작하지 못한 것이었다. 하지만 나중에 진나라를 세운 진시황은 헌원이 배달 민족이라는 사실을 알았다. 그래서 진시황은 헌원까지 부정하며 자기가 화하 민족의 첫 황제, 즉 '시황제'라 칭했다. 자기 이전 배달 민족의 역사는 분서갱유를 통해 모두 불살라버린 것이었다.

삼성조시대 오성결집 기록

'천문류초'를 보면 놀라운 천문 기록이 있다. 이 책은 세종대왕의 명에 의해 천문학자 이순지가 옛 기록을 모아 편찬한 것인데 삼황오제 중 두 번째 오제 전욱고양 시대 갑인년에 오행성이 모였다는 기록이다. 여기서 오행성, 줄여서 오성이란 맨눈으로 볼 수 있는 태양계의 5개의 행성, 즉 수성, 금성, 화성, 목성, 토성을 말한다. 가장 중요한 것은 일단 기록이 있다는 사실이다. 이집트, 메소포타미아…… 어느 민족 역사에도 오행성이 모이는 현상, 오성결집 기록은 없다.

전욱고양은 BC 2513년부터 BC 2436년까지 77년간 재위했으므로 갑인년은 BC 2467년이다. 저자와 황보승 교사는 공동연구 끝에 BC 2470년 9월 오성결집을 발견하고 이를 2017년 세계환단학회지에 논문으로 발표했다. 오차가 3년 있기는 하지만 약 4,500년 전 일을 추정하는 측면에서 보면 문제가 될 수 없다. 그 당시 달력이 어땠는지 알 길이 없으므로 더욱 그렇다. 중요한 사실은 오성이 실제로 모였고 옛 기록이 옳다는 것이다.

동양의 음양오행 우주란 천문학적으로는 달을 뜻하는 태음의 '음', 해를 뜻하는 태양의 '양', 수목화토금 오행성을 일컫는 '오행'을 바탕으로 태어난 것이다. 오늘날 우리가 사용하는 '일월화수목금토' 요일 역시 해를 상징하는 '일'과 달을 상징하는 '월', 그리고 오행성의 이름 '화수목금토'로 구성됐다는 사실을 알게 된다. 오행성은 맨눈으로도 잘 보이기 때문에 동서양에서 독자적으로 연

『천문류초』의 오성개합 기록 등 오성결집 현상 분석

박석재*, 황보승**

【요약문】 우리는 이 논문에서 『천문류초天文類抄』의 오성개합五星皆合 기록이 옛날 밤하늘에서 실제로 일어난 현상이었음을 증명한다. 오성개합은 유명한 『환단고기桓檀古記』 「단군세기檀君世紀」의 오성취루五星聚婁 기록보다 736년이나 앞서 일어난 오성결집 현상으로 그 시기가 삼황오제 시대에 해당된다. 또한 BC 205년 ~ AD 1100년 사이에 일어난 오성결집 현상들을 천문 소프트웨어로 검색해 그 결과를 게재한다. 이러한 오성결집 현상들은 우리 역사 연구에 많은 단초를 제공할 수 있을 것으로 기대된다.

【주제어】 오성개합 - 오성취루 - 천문과 역사 - 천문학적 역사고증

• 박석재-황보승 논문 첫 페이지

구돼왔다. 따라서 수성, 금성, 화성, 목성, 토성은 영어의 Mercury, Venus, Mars, Jupiter, Saturn 등과 아무런 상관이 없다.

근세에 이르러 서양에 천체망원경이 등장하면서부터 동양 천문학이 뒤지기 시작한다. 천체망원경으로 토성 밖의 행성이 발견되고 Uranus라는 이름을 얻게 됐다. 이것 역시 그리스 신화에 나오는 하늘 신의 이름이다. 그래서 동양으로 전해 내려오면서 천왕성으로 번역됐다. 이런 식으로 나중에 발견된 바다의 신 Neptune도 해왕성으로, 지옥의 신 Pluto도 명왕성으로 번역된 것이다. 명왕성의 '명'은 밝다는 뜻이 아니라 저승을 의미한다. 명왕성은 현재 태양계의 행성 지위를 박탈당한 상태다.

오성결집을 천문학적으로 확인하는데 슈퍼컴퓨터 같은 대단한 장비가 필요한 것이 아니다. 저자도 가장 유명한 천문 소프트웨어 'Starry Night'를 노트북에서 돌려 논문을 썼다. 그 결과 BC 2470년 9월 초 새벽 동쪽 하늘에는 오성결집이 일어났다. 특히 BC 2470년 9월 9일에는 해와 달 사이에 오성이 모였다.

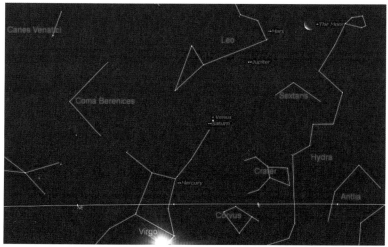

• BC 2470년 9월 9일 새벽 5시 동쪽 하늘(Starry Night)

• BC 2470년 9월 9일 새벽 동쪽 하늘 상상도(박수진 그림)

K-History

이 오성결집은 보름 이상 계속됐기 때문에 당시 천문학자들이 놓쳤을 리 없었다. 오성결집을 임의로 맞추거나 컴퓨터 없이 손으로 계산하는 일은 불가능하다. 따라서 BC 2467년 배달 민족 조상들은 천문현상을 기록으로 남길 수 있는 조직과 문화를 소유하고 있었음을 알 수 있다. 이 오성결집은 삼황오제 시대가 전설이 아니라 역사라는 사실을 증명했다. 아울러 동시대 '환단고기'에서 기술하는 환웅배달의 역사 또한 더욱 신뢰할 수 있게 됐다. 특히 이 천문현상이 대한민국의 '천문류초'에 기록돼 있다는 사실은 많은 의미를 내포하고 있다.

'환단고기'의 '단군세기'는 47명의 단군이 다스린 단군조선의 역사를 자세히 기술하고 있다. 그중 13대 흘달 단군 시절이었던 BC 1733년에 오성결집 기록이 있다. 이 기록은 라대일, 박창범 두 천문학자가 처음으로 검증하고 그 결과를 1993년 한국천문학회지에 논문으로 발표했다.

저자가 천문 소프트웨어를 돌려본 결과 BC 1734년 7월 중순 저녁 서쪽 하늘에는 오성이 모였다. 특히 BC 1734년 7월 13일 저녁에는 해와 달 사이에 오성이 모였다. 이 오성결집 또한 보름 이상 계속됐기 때문에 단군조선 천문학자들이 놓쳤을 리 없었다. 오차가 1년 있기는 하지만 약 4,000년 전 일을 추정하는 측면에서 보면 문제가 될 수 없다. 여기서도 중요한 사실은 오성이 실제로 모였고 옛 기록이 옳다는 것이다.

이 오성결집은 천문대를 가진 단군조선이 훌륭한 고대국가였다는 사실을 증명했다. 덤으로 '환단고기'는 믿을 수 있는 역사책이

JOURNAL OF THE KOREAN ASTRONOMICAL SOCIETY
26: 135 ~ 139, 1993

ON ASTRONOMICAL RECORDS OF DANGUN CHOSUN PERIOD

LA, DAILE
Korea Astronomical Observatory
Daedok Science Town 305-348, Daejeon, Korea

AND

PARK, CHANGBOM
Department of Astronomy
Seoul National University, Shinlimdong, Seoul, Korea

(Received Aug. 27, 1993; Accepted Oct. 11, 1993)

ABSTRACT

Events of eclipses as well as other major astronomical events observable in the eastern sector of Asian continent are computed and checked with astronomical records of antiquity. Particular attention was given to two types of the events recorded in remaining records of Dangun Chosun Period (DCP): (1) concentration of major planets near the constellation of Nu-Sung (β Aries) and (2) a large ebb-tide. We find them most likely to have occurred in real time. i.e., when the positions of the sun, moon, and planets happen to be aligned in the most appropriate position. For solar eclipses data, however, we find among 10 solar eclipse events recorded, only 6 of them are correct up to months, implying its statistical significance is no less insignificant. We therefore conclude that the remaining history books of DCP indeed contains important astronomical records, thereby the real antiquity of the records of DCP cannot be disproved.

Key words : astronomical records, computer simulations

• 라대일-박창범의 논문 첫 페이지

라는 사실까지 증명해주고 있다. 사실 '환단고기'가 신뢰할 수 있는 역사책이라는 증거는 부지기수로 있지만 이 책에서는 생략하기로 한다. 어쨌든 오성이 대한민국의 여명기 환국 → 배달 → 조선 국통맥을 지켜주고 있다. 천손의 나라 대한민국답지 않은가. 이로써 환인환국, 환웅배달, 단군조선 삼성조시대는 확실한 역사로 굳건히 자리매김하게 됐다.

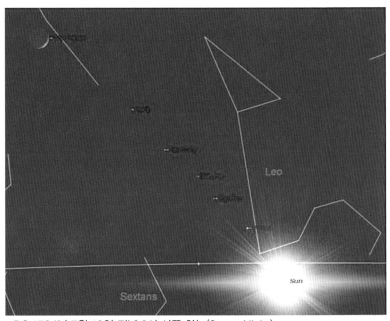

• BC 1734년 7월 13일 저녁 8시 서쪽 하늘(Starry Night)

• BC 1734년 7월 13일 저녁 서쪽 하늘 상상도(박수진 그림)

• 구월산 삼성사의 환인, 환웅, 단군 영정

삼한관경제와 대한

천손의 종교, 신교에서는 신을 삼신이라고 불렀다. 이는 세 분의 하느님이 존재한다는 뜻이 아니라 만물을 낳는 '조화신', 만물을 기르고 깨우치는 '교화신', 만물의 질서를 잡는 '치화신', 이렇게 셋으로 나타난다는 뜻이다. 하늘에는 삼신이 있는 것처럼 땅에는 삼한이 있어야 한다고 믿는 것이 단군조선 정치의 뿌리가 됐다.

이에 따라 단군조선은 대단군이 직접 통치하는 진한, 2명의 부단군이 통치하는 번한과 마한, 이렇게 삼한으로 나눠 국가를 운영했다. 진한의 수도는 첫 번째 아사달이었던 소밀랑, 번한의 수도는 안덕향, 마한의 수도는 백아강에 있었다. 이런 통치 방식을 일컬어 삼한관경제라 했고 삼한을 합쳐 대한이라 불렀다.

고종은 1897년 국호를 '대한제국'으로 바꿨다. 덕분에 후손들은 '제'를 '민'으로 바꿔 '대한민국'이라는 훌륭한 이름을 가진 나라를 세운 것이다. 여기서 '대한'이란 말은 바로 단군조선의 삼한을 뜻한다. 즉 '대한제국'이란 곧 '단군조선의 뒤를 잇는 황제의 나라'라는 뜻이다.

생각해보라. 고종이 옛날 한반도 끄트머리에 있던 후삼한 마한, 변한, 진한을 기리기 위해 '대한'이라고 했겠는가. 고종은 국호 대한제국 이외에 태극기를 국기로 정하고 국가 애국가를 만들었다. 조선 말 고종황제의 업적 중 인정할 것은 인정해야 한다.

삼한의 역할은 바로 저울에서 이해할 수 있다. 먼저 부단군이 통치하는 마한은 무게를 잴 물건을 올려놓는 저울판에 비유될 수 있다. 크게 보면 변화가 있을 가능성도 없고 가장 믿을 수 있는 곳이다. 대단군께서 직접 통치하는 진한은 바로 저울 끈이다. 문제는 추인 번한이다. 추의 위치는 예민한 것이다. 번한은 변화할 수밖에 없고 실제로 항상 변하고 있는 곳이다. 번한의 역할이 명확할 때, 즉 저울추의 위치가 정확할 때 저울은 안정된다.

대단군이 직접 통치한 진한의 수도는 아사달이었다. '달'은 장소를 뜻하므로 아사달은 곧 아침 해가 뜨는 곳, 광명의 땅처럼 해석된다. 배달도 '밝달', '밝은 곳'이라는 것 아닌가. 여기서 '달'이 장소를 뜻한다는 것은 오늘날 '양달'이나 '응달' 같은 말로부터 쉽게 확인할 수 있다. 여기서 '응달'이 '음달'로부터 비롯됐다는 사실 또한 분명하다.

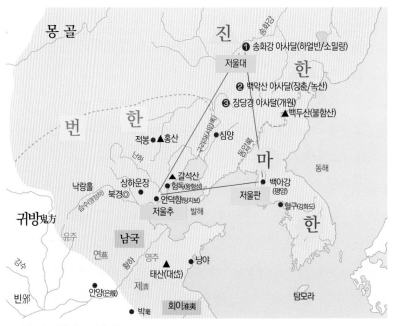

• 저울대, 저울추, 저울판

K-History

단군조선

전성기의 통치 영역과 삼한관경

고조선 최대 추정 강역

고조선 핵심 강역

하상주 중심 영역

- 하夏
- 상商 (은殷)
- 주周

알타이산맥

▲금악산金岳山

이산맥

▲천산天山맥

천산

약수: 흉노의 발상지.
3세 가륵단군(BCE 2177) 때 열양욕살 삭정을 약수 지방에 유배. 삭정이 사면된 후 흉노의 시조가 됨.

고조선 핵심

돈황● ▲삼위산三危山

약수弱水

훈육(흉노)

고륜곤

고조선 산맥 최대 추정 강역

티베트고원

여黎
빈邠
기岐
호경

견이畎夷

주周

안

강羌

황

전강

백이百夷 양자강

촉蜀

파巴

순임금의 이비二妃 두

맥산

히말라야산맥

일군국

대흥안령

비리국

고조선 핵심 강역

4세 오사구단군(BCE 2137)이
아우 오사달을 몽고리한에 봉함
(몽골의 시조).

진

산

송화강아사달
① 하얼빈 - 소밀랑
◎

백악산아사달
② 장춘 - 녹산
◎

장당경아사달
③ 개원
◎

한

영고탑(해림) ●

웅심산 (서란)

남선비국

번

고리국

한

적봉 ◎

홍산 ▲

낭산 (백랑산)

백두산 (불함산)

고죽국

상 하 운장

갈석산

험독(왕험성)

북경

안덕향
(탕지보) ①

조이鳥夷

창해

발해

백아강
(평양) ●

마

동악

해성

심양

영지

남국

우이嵎夷

내이萊夷

한

영주

임치

혈구 (강화도) ●

조趙

제濟

안양(殷)

태산 (대岱)

낭야

서해

동해

엄독홀(곡부)

엄이奄夷

박亳

서화

서이徐夷

삼도三島

회이淮夷

탐모라

웅습(구마소)

황이黃夷

도이島夷

무武

오옷

상해

BCE 300년경 대대적인 이주, 벼농사와
청동기 문화의 전파 → 고대 일본 야요이
문화(BCE 3세기~CE 3세기)의 성립

도산 塗山(회계산) ▲

월越

묘三苗

임금 아들 단주丹朱의 복위를 주장
가 남방으로 쫓겨 옴 : 치우천황을
으로 섬김, 초楚나라 건국.

K-History

‘환단고기’의 ‘단군세기’에 의하면 단군조선을 건국한 왕검 단군은 BC 2283년 운사 배달신에게 명해 강화도 마리산에 참성단을 쌓게 했다. 창기소 선인은 오행치수법을 만들었는데 마침 양자강이 범람하는 9년 홍수가 일어났다. 왕검 단군의 아들 부루태자는 배달 민족이었던 우사공에게 오행치수법을 전해 홍수를 막았다. 그 덕분에 우사공은 우나라 순왕이 죽자 하나라를 세우고 우왕이 될 수 있었다. 부루태자가 우사공에게 준 금간옥첩에는 ‘홍범구주’도 포함돼 있었는데 바로 이것으로부터 ‘범주’라는 말이 나왔다.

　단군조선 2대 부루 단군은 ‘어아가’를 만들었다. ‘어아가’를 노래하며 하늘의 신명과 인간을 조화롭게 만들어 제후국들의 모범이 됐다고 한다. ‘어아가’의 ‘어아어아’ 부분은 ‘어와 둥둥……’처럼 여기저기 남아 있다. 선정을 베푼 부루의 명성은 ‘부루단지’ 등으로 남아 있다. 또한 부루 단군 붕어 때 일식이 있었다는 천문 기록도 있다.

• 강화도 참성단

'환단고기'의 '태백일사'를 보면 광개토태왕이 18세에 등극할 때 '어아가'를 불렀다고 한다. 이후 전쟁에 임할 때마다 장병들에게 '어아가'를 부르도록 해서 사기를 북돋웠다고 한다. 또한 마리산 참성단에 올라 삼신에게 천제를 지낼 때도 '어아가'를 썼다고 한다.

단군조선 3대 가륵 단군은 가림토 문자를 만들었다. 을보륵에게 정음 38자를 만들게 했는데 한글의 원형으로 알려졌다. 가륵 단군은 욕살 삭정을 약수 지방에 유배시켜 종신토록 감옥에 가뒀다. 이후 용서를 베풀어 약수를 맡겼는데 흉노의 시조가 됐다.

• 가림토 문자

이런 식으로 '환단고기'의 '단군세기'에는 47명의 단군이 모두 인용돼 있다. 하지만 이 책에서 더 이상의 소개는 생략하기로 한다. '환단고기' 5권의 책에는 7명의 환인, 18명의 환웅, 47명의 단군, 8명의 삼황오제, 북부여 6명의 단군…… 등 모든 통치자의 족보가 나온다. 유명한 삼황오제의 막내 당나라 요왕과 우나라 순왕도 배달 민족이요, 황하문명의 주역 하나라 우왕, 상나라 탕왕, 주나라 문왕, 문왕의 아들이자 주역을 만든 주공 역시 모두 배달 민족이다.

• 하나라 우왕, 상나라 탕왕, 주나라 문왕, 주공

우왕이 세운 하나라는 400년을 넘게 이어가다 걸왕이라는 폭군이 등장한다. 그는 첫 번째 주지육림의 주인공이었다. 상나라 탕왕은 단군조선의 도움을 등에 업고 걸왕을 제압해 하나라를 멸한다. 당시 단군조선 최고의 선인 유위자가 있었는데 그의 제자 이윤 등이 탕왕을 도왔다.

상나라도 600년을 넘게 이어가다 두 번째 주지육림의 주인공 주왕이 등장한다. 그는 선정을 권하는 삼촌 비간을 죽이고 주나라 문왕을 유리의 성에 감금하는 등 폭정을 일삼는다. 문왕은 강태공을 책사로 영입했으나 뜻을 이루지 못하고 죽는다. 아들 무왕이 문왕의 뜻을 받들어 강태공과 함께 마침내 주왕을 제압하고 상나라를 멸한다. 무왕의 아우 주공은 문왕이 뜻을 이어받아 주역을 완성한다.

5000 BC	4000	3000	2000	1000	1
삼	성	조	시	대	열국시대
환인 환국 7197~3897	환웅 배달 3897~2333		단군조선 2333~238		북부여 239~58
		삼황오제시대	하	상	주	춘추	전국	진	한

• '환단고기' 서기전 역사

단군조선 천문 기록

'환단고기'의 '단군세기'는 왕검단군을 이은 2번째 부루단군이 BC 2183년 붕어했는데 이날 일식이 있었다고 기록하고 있다. 저자는 천문 소프트웨어 'Starry Night'를 이용해 BC 2183 ±3년, 즉 BC 2186년부터 BC 2180년까지 7년에 걸쳐 일식 현상을 조사했다. 그 결과 BC 2181년 8월 30일에 일어난 금환일식만 동북아에서 관측할 수 있었다는 사실을 알아냈다. 즉 부루 단군의 서거일이 바로 그날이었음을 알게 된 것이다.

BC 2181년 8월 30일 일식의 평균식분도에는 대한민국의 서울과 중국의 장춘, 하얼빈의 위치가 각각 점으로 표시돼 있다. 이 평균식분도에 따르면 최대식분은 서울이 0.8이 안 되는 것에 비해

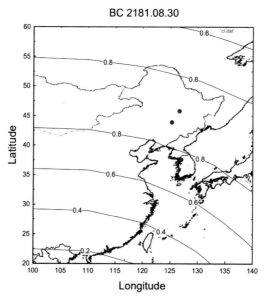

• BC 2181년 8월 30일 일식의 평균식분도(전준혁 제공)

• '환단고기'에 따른 아사달의 이동

하얼빈과 장춘은 0.9를 넘는다.

'환단고기'의 '단군세기'에 따르면 단군조선의 도읍지 아사달은 하얼빈에서 장춘으로 이동했다. 이런 이유로 그림에서 대한민국 서울 이외에도 중국의 하얼빈과 장춘을 특별히 표시한 것이다.

당시 서울 하늘에서 달이 해를 최고로 많이 가린 순간 그림을 보면 이 경우 맨눈으로는 거의 판독이 불가능했을 것으로 생각한다. 당시는 천체망원경이 없던 시절이어서 식분이 대략 0.8보다 작으면 일식이 일어난 줄도 몰랐을 가능성이 크다.

저자의 경우 여러 차례 부분일식을 관측한 경험이 있지만 식분이 0.8보다 큰 적은 한 번도 없었다. 일식 관측기구를 사용하지 않고 해를 보면 평소와 전혀 다름없이 보였고, 단 한 번 저녁에 일어난 1992년 12월 부분일식 때만 저녁노을 속에서 선명하게 달에 먹힌 해를 맨눈으로 볼 수 있었다.

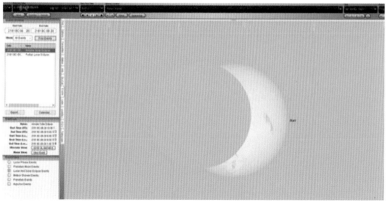

• 서울에서 달이 해를 최대로 가린 순간(Starry Night)

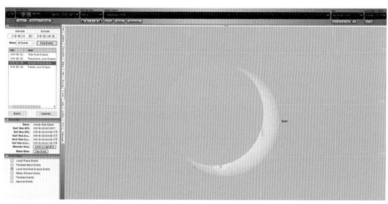

• 장춘에서 달이 해를 최대로 가린 순간(Starry Night)

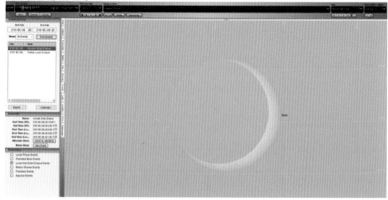

• 하얼빈에서 달이 해를 최대로 가린 순간(Starry Night)

K-History

중국 장춘과 하얼빈 하늘에서 달이 해를 최고로 많이 가린 순간 그림을 보자. 두 경우 모두 식분이 0.9보다 크므로 달이 해를 90% 이상 가린 모습으로 나온다. 저자의 경우 식분이 0.9보다 큰 부분일식을 관측한 경험이 없어 단언하기 어렵지만, 이 정도면 충분히 맨눈으로도 볼 수 있었을 것으로 생각한다.

이상 살펴본 바와 같이 부분일식 관측 문제는 모든 면에서 지극히 주관적일 수밖에 없다. 앞에서 알아본 바와 같이 식분이 작아도 부분일식이 새벽이나 저녁에 일어나면 관측이 의외로 쉬울 수도 있다. 하지만 BC 2181년 8월 30일 부분일식은 해가 충분히 높이 뜬 여름날 오전 8시부터 9시 사이에 일어났기 때문에 이 가능성은 아예 없다고 본다.

옛날 천문학자들은 맨눈으로 관측했기 때문에 식분이 대략 0.8보다 작은 부분일식들은 대부분 놓쳤을 것으로 믿는다. 따라서 평균식분도를 고려하면 부루 단군이 서거한 첫 번째 아사달의 위치는 최소한 한반도나 대륙 깊은 곳은 배제할 수 있다.

첫 번째 아사달의 위치가 하얼빈과 장춘 중 정확히 어느 곳이었는지 확정하는 문제는, 여기서 결론을 내릴 수 없다고 판단된다. 예를 들어 당시 두 지역에서 식분이 충분히 커 맨눈으로 부분일식을 관측할 수 있었다고 가정하더라도, 날씨가 하얼빈은 흐렸고 장춘은 맑았다면 의미가 없지 않겠는가.

하지만 날씨가 모두 맑았다는 가정 아래 만일 하얼빈의 부분일식이 맨눈으로 보이지 않았다면 장춘의 부분일식 역시 볼 수 없었다는 사실은 분명하다. 적어도 수학적으로는 식분이 조금이라도

일식으로 알아낸 첫 아사달의 위치

박석재*

```
Ⅰ.  서론
Ⅱ.  본론
Ⅲ.  결론
```

【주제분류】한국사, 천문학
【주요용어】일식, 부루 단군, 천문과 역사, 천문학적 역사고증

【요약문】『환단고기桓檀古記』「단군세기檀君世紀」의 '무술오십팔년제붕시일일식戊戌五十八年帝崩是日日蝕' 기록을 분석했다. 무술오십팔년은 BCE 2183년에 해당한다. 이 기록의 사실성을 검증하고자 천문소프트웨어를 이용한 결과 실제 육안으로 식별이 가능한 일식이 있었던 시점은 기록과 2년의 차이가 났다. 부루 단군은 단기 153년, BCE 2181년 양력 8월 30일 아침에 일식이 있었고, 이날 부루단군께서 서거했음을 알 수 있었다. 당시 서울, 중국 장춘, 중국 하얼빈에서 일어난 일식을 분석한 결과 육안으로 확인할 수 있는 일식은 하얼빈에서 관찰했을 때 가장 가능성이 높은 것으로 나타났다. 따라서 고조선의 첫 번째 아사달이 하얼빈이라는 환단고기의 기록은 천문기록으로 보았을 때 사실일 가능성이 높다는 결론을 얻었다.

• 박석재 논문 첫 페이지

더 큰 하얼빈이 장춘보다 첫 번째 아사달일 확률이 높다고 조심스럽게 결론을 내려본다. 저자는 이 연구결과를 2021년 세계환단학회지에 논문으로 발표했다.

'환단고기'의 '단군세기'를 보면 9세 아술 단군 때 두 개의 해가 보였다고 한다. 즉 단기 349, 즉 BC 1985년에 두 개의 해가 함께 뜨고 그것을 보는 사람들이 담처럼 늘어서서 큰 행렬을 이루었다는 기록이다.

세 개의 해는 햇무리 가장자리가 밝게 빛나 만들어지는 현상이며 상대적으로 흔히 관측된다. 하지만 두 개의 해는 이야기가 달라진다. 만일 이 기록이 사실이라면 두 번째 해의 정체는 낮에도

볼 수 있는 밝은 초신성일 가능성이 높다. 왜냐하면 해 근처에 위치한 초신성은 사람들에게 '작은 해'처럼 보일 수 있기 때문이다. 한마디로, 이 기록이 세계에서 가장 오래된 초신성 관측 기록일 가능성도 있다는 말이다.

흔히 크기가 같은 2개의 해가 나란히 보였을 것으로 생각하기 쉽다. 하지만 천문학적으로 해와 비슷한, 또 다른 항성이 해 옆으로 다가왔다가 사라지는 일은 상상조차 할 수 없는 일이다. 실제로 계산해 보면 보통 초신성이 '또 하나의 해'처럼 보이려면 우리 지구로부터 불과 몇 광년 떨어진 거리에서 폭발해야 하는데 이 경우 지구상의 모든 생명체가 절멸한다.

따라서 초신성이 해와 같은 밝기를 갖는 또 하나의 해였을 가능성은 아예 없다고 결론내릴 수 있다. 따라서 두 번째 해는 상대적으로 어두울 수밖에 없으며 또한 나란히 있으라는 법도 없다. 두 해 사이 거리가 떨어져 있을 확률이 훨씬 더 큰 것이다. 또한 초신성은 폭발 후 거의 한 달 가까이 밝게 빛나므로 반드시 사람들 눈에 띄었을 것이다.

남반구 별자리 고물자리에는 무시무시한 초신성 잔해 Pup A가 있다. 여기서 Pup은 고물의 라틴어 Puppis의 약자다. 이 천체는 지름이 100광년에 이르러 지구에서 봐도 각도로 1도 정도나 된다. 즉 지름이 0.5도인 보름달보다 4배나 면적이 더 넓은 이 천체는 약 6,500~7,000광년 떨어져 있다. 지금으로부터 약 3,700년 전 초신성 폭발의 빛이 지구에 도달했던 것으로 추측된다. 이 정도면 9세 아슬 단군 때 두 개의 해 기록과 관련이 전혀 없다고 볼 수 없다.

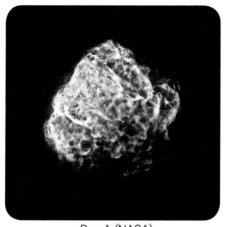

• Pup A (NASA)

Pup A는 우주에서 가장 강한 X-선 천체이기 때문에 아주 밝았던 극초신성 잔해일 확률이 높다. 계산해 보면 Pup A 초신성의 폭발은 당시 지구에서 보름달과 반달 사이 밝기로 보였다고 추측된다. 달과 같은 밝기를 갖는 초신성은 보이는 모습이 점에 가까워 달보다 훨씬 더 밝을 수밖에 없다. 아무리 비관적인 경우라 해도 -9등급보다 어둡지는 않다. 최소한 약 -4등급으로 보이는 금성, 샛별보다 100배 더 밝은 것이다.

시기적으로도 약 3,700년 전에 보였으면 오차를 감안할 때 BC 1985년 무렵 초신성으로 하늘에 등장했을 확률이 높다. 참고로 고물자리는 동북아시아에서 볼 수 있는 남반구 별자리로 낮에 해 가까이 보려면 봄~여름이라야 한다. 아래 그림은 천문소프트웨어 'Starry Night'으로 본 양력 BC 1985년 5월 10일 오후 3시 45분

하얼빈 남쪽 하늘의 별자리 배치다. 여기서 하얼빈의 하늘을 선정한 이유는 9세 아술 단군 때 아사달이 하얼빈이었기 때문이다.

• 배의 고물 근처 Pup A의 위치(Starry Night)

Pup A는 보름달과 반달 사이의 밝기를 가진 '작은 해'가 돼 봄철 남쪽 하늘 낮게 반짝이다가 사라졌을 것이다. 만일 아술 단군때 두 개의 해 그림이 발견된다면 아마 아래와 비슷할 것이다.

• BC 1985년 두 개의 해 상상도

『환단고기』 '두 개의 해'를 초신성으로 설명할 수 있을까?

박석재*

【개요】『환단고기桓檀古記』「단군세기檀君世紀」를 '양일병출兩日竝出', 즉 '두 개의 해' 기록을 분석하였다. 천문 소프트웨어를 이용해 초신성超新星 잔해 Puppis A가 BC 1985년 기록을 설명할 수 있다는 결론을 얻었다.
【주제어】두 개의 해 – 천문과 역사 – 천문학적 역사고증

I. 서론

『환단고기』「단군세기」를 보면 9세 아술 단군 때 '양일병출兩日竝出', 즉 두 개의 해가 보였다는 기록이 있다.

• 박석재 논문 첫 페이지

저자는 이 연구결과를 2021년 세계환단학회지에 논문으로 발표했다. '환단고기'의 '단군세기'에는 34세 오루문 단군 때에도 두 개의 해 기록이 있다. 두 개의 해가 단기 1548, 즉 BC 786년에 나타났다는 것이다. 하지만 이것은 가까운 시기에 폭발했을 두드러진 초신성 잔해가 없어 논문에서 같이 분석하지 못했다. 더욱 방대한 초신성 잔해 관측이 이루어진다면 이 문제도 해결될 수 있을 것으로 본다.

사국시대와 첨성대

단군조선은 47대 고열가 단군 BC 238년에 이르러 2,096년의 역사를 마무리했다. BC 239년 해모수가 건국한 북부여는 단군조선을 계승했다. 고구려 장수왕이 세운 광개토태왕비에는 고구려의 시조 주몽이 북부여 출신이라고 새겨져 있어 북부여의 존재를 증명하고 있다. 북부여는 6명의 단군이 BC 239년부터 BC 58년까지 181년간 이어갔다. 비록 나라는 오래 이어지지 못했으나 국통맥을 단군조선으로부터 고구려로 이어주는 중대한 역할을 했다. 동명왕으로 유명한 고두막은 바로 북부여의 5대 단군이었다.

'환단고기'의 '북부여기'를 보면 해모수의 고향 이름이 바로 고구려였다고 한다. 그래서 해모수의 4세손인 주몽이 BC 58년 나라를 세우면서 국호를 고구려라 했다. 주몽의 예씨 부인의 유리는 고구려의 2대 유리열제가 됐다. 또한 주몽의 소서노 부인의 두 아들 비류와 온조는 비슷한 시기에 백제를 건국했으니 고구려와 백제는 사실상 형제국이었다.

동명왕의 딸 파소 공주가 진한으로 이주 박혁거세를 낳았으니 신라 또한 뿌리가 북부여에 있다고 해도 과언이 아니다. 가야를 세운 김수로왕은 흉노의 황손이다. 단군조선 3대 가륵 단군 때 약수로 간 욕살 삭정이 흉노의 시조임을 감안하면 고구려, 백제, 신라, 가야 모두 단군조선의 후예들이다.

고구려시대 천손문화는 정점에 이르렀다. 고분 벽화의 많은 글씨와 그림들은 천손의 우주관을 보여준다. 사신 청룡, 백호, 주작,

현무가 각각 동, 서, 남, 북 벽에 공통으로 그려져 있다. 특히 평안남도 강서군 덕흥리에 있는 고구려 고분은 완벽한 타임캡슐이다. 북벽에는 북두칠성, 남벽에는 남두육성이 각각 그려져 있고, 삼족오가 그려진 해는 동벽, 두꺼비가 그려진 달은 서벽을 장식하고 있다.

옛날 한 해는 360일이요 한 달은 30일이었다. 그래서 사람의 손가락과 발가락이 각각 10개씩인데도 불구하고 1년은 10개월이 아니라 12개월이 될 수밖에 없었다. 여기서 12, 30, 360과 같은 숫자들은 태곳적부터 인류가 밝혀낸 '우주의 암호'라는 사실을 깨닫게 된다.

이런 '우주의 암호'를 기반으로 책력이 만들어진다. 양력은 해를, 음력은 달을 기준으로 만들어진 책력이다. 양력이든 음력이든 24절기는 1달에 2개씩 들어간다. 양력의 경우에는 예외가 없지만 음력의 경우에는 24절기가 1개만 들어가는 달이 있는데 그것이 바로 윤달이다.

바둑은 음양의 두 기운이 조화를 이루는 스포츠라고 말할 수 있다. 바둑판은 가로세로가 똑같이 19줄이어서 총 19 x 19 = 361 집을 갖게 된다. 집의 수는 중앙의 '천원'이라는 점을 제외하면 모두 360이 된다. 옛날 조상들은 조선이 360 고을과 수도 한양으로 구성됐다고 믿었다.

대한민국 경주에는 신라시대 만든 첨성대가 있다. 첨성대를 자세히 살펴보면 창문을 기준으로 위쪽과 아래쪽으로 각각 12단의 돌이 쌓여있다. 돌의 개수는 창문틀의 돌을 포함하든 안 하든 360

고구려 동북아 대통일 위업과 다물多勿[復舊土] 정신의 실현

고구려 전성기 영역

고구려 핵심 강역

비이칼호

알타이산맥

고구려 전성기 경계

돌궐

▲천산天山 산맥

고비사막

천산

▲삼위산三危山

타림분지

기련 하서주랑河西走廊

산맥

곤륜 산맥

고구려 전성기 영역

토욕혼

평롱

황하

티베트고원

수
(581~618)

허

말라야산맥

실위

오논걸(오난하)

고구려 허스강 요

대흥안령산

말갈

지두우

케를렌강

구

흑룡강

송화강

가섭원(통하)

갈사

고 선비

졸본(수분하설)

맥

파림좌기 (서안평)

극십극등기 (배찰산)

적봉

웅심산 (서란)

북옥저

거란

홍산

대릉하

심양

졸본(환인설)

백두산 (불함산)

맥

현도

해성

국내성(황성)

오골성

상곡

어양

갈석산

동

조양

고려진

요서

창려

요동성

후연
384~409)

유주

북경

항산恒山

진평

비사성

발해

낙랑국

동해

평양

정주

포오거

고려성(하간현)

등주

혈구(강화도)

남평양(서울)

태원

청하

내주

제濟

서해

신라

낙양

태산(대岱)

백제

가야

노을

성양

왜

당
(618~907)

탐모라

웅습(구마소)

동정호

광릉

오嗚

송강(상해)

양자강

월주

도산塗山(회계산)

월越

중국 본토 내의 백제 영토 중심지

낙양

천주(복주)

K-History

개 근처다. 그냥 돌을 쌓다 보니 위아래로 12단이 되고 돌이 360개 근처가 됐을까? 당연히 그렇지 않다. 첨성대는 한국인의 조상들이 처음부터 정확하게 '우주의 암호'를 토대로 만든 상징물이다.

신라가 만든 첨성대

대한민국 사람들이 습관적으로 첨성대를 동양 최고 천문대라고 하는데 저자 생각으로는 세계 최고 천문대가 확실한 것 같다. 그동안 영국의 스톤헨지 같은 유적들 때문에 세계 최고란 말을 함부로 하지 못했다. 하지만 최근 밝혀진 여러 정황을 고려하면 다른 유적들은 천문대가 아니었던 것으로 보인다. 따라서 첨성대의 위상에 관한 연구를 서둘러 진행해야 한다고 믿는다. 이제 때가 됐다.

경주의 유적 중 첨성대는 단연 돋보인다. 훌륭한 사찰이나 불상은 다른 나라에도 많지만 천문대 유적은 매우 드물다. 예를 들어 이탈리아 로마나 일본의 교토 등에는 천문대 유적이 없다. 첨성대야말로 한국인이 천손이라는 움직일 수 없는 증거다. 한편 안함로는 '환단고기'의 '삼성기 상'을 썼는데, 이는 보기에 따라서는 첨성대만큼 위대한 신라의 보물이다.

백제의 관륵은 일본에 천문학을 전수했다. 이는 일본도 인정하는 역사적 사실이다. 즉 백제도 일본에 전수할 천문학을 소유했다는 명확한 증거다. 신라는 백제, 고구려, 신라를 차례로 무너트리고 통일신라를 세웠다. 사국의 천문학 전통은 통일신라시대로 이어진다. 천문학의 도움 없이는 먼 바다까지 항해할 수 없다. 통일신라시대 장보고는 어떻게 중국을 건너 인도까지 항해를 할 수 있었을까? 이런 사실까지 고려한다면 '잃어버린 우리 천문학', '잃어버린 우리 해양 역사'가 얼마나 큰지 짐작조차 할 수 없다.

고구려가 668년 망하자 진국장군 대중상의 아들 대조영은 국호를 대진국으로 나라를 세웠다. 이리하여 북에는 대진국, 남에는

K-History

대진[발해]

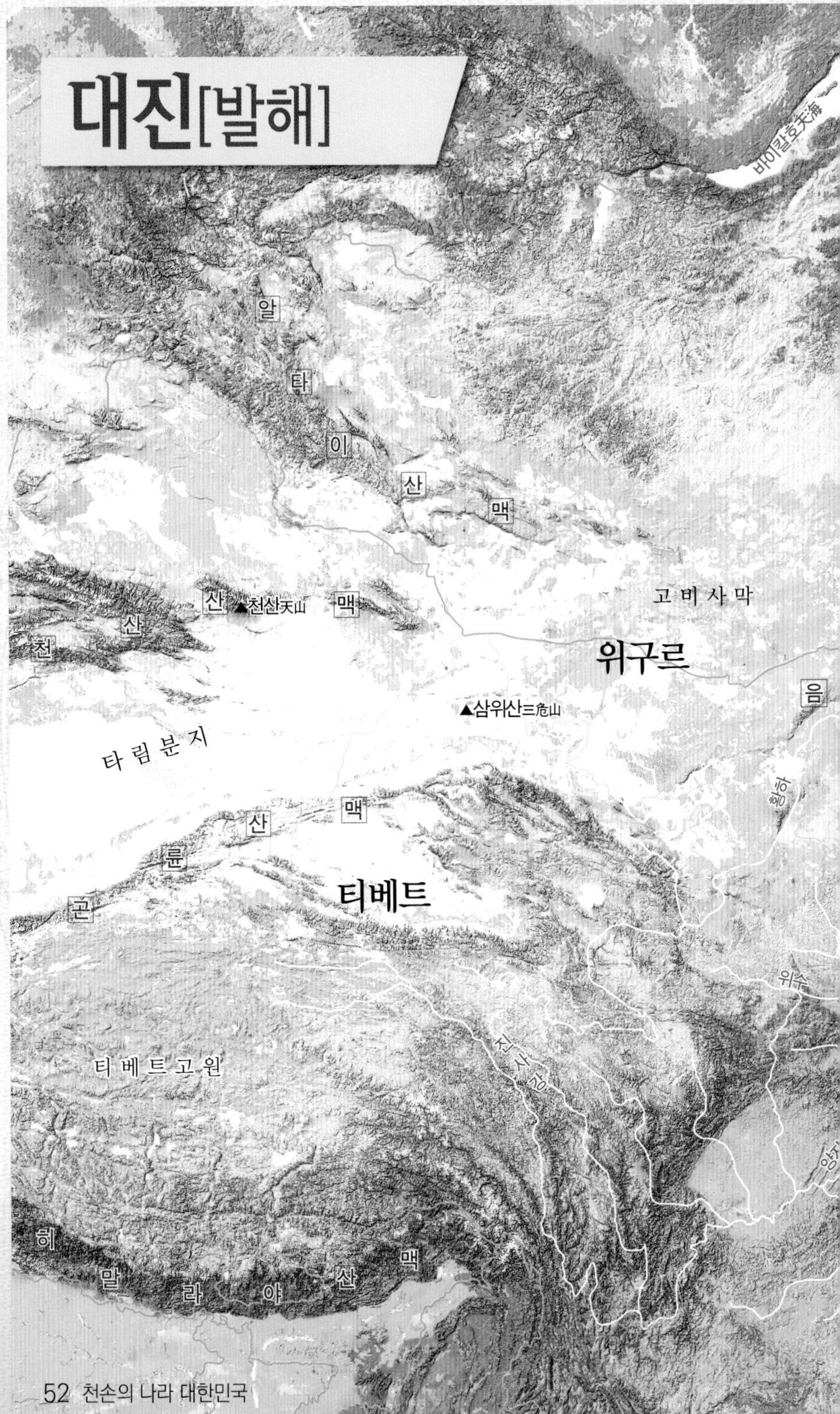

바이칼호_{貝加尔湖}

알

타

이

산

맥

고 비 사 막

산   ▲천산天山   맥

천   산

위구르

음

황
하

타 림 분 지

▲삼위산三危山

산

맥

륜

티베트

곤

위수

티 베 트 고 원

진
수

히

말   라   야   산   맥

실위

우루

개마

흑수말갈

오노강(오로혼)

대흥안령

회원부

막힐부

철리부

조나

솔빈부

부여부

대진전성기강역

산

대

진

갈사

정리부

거란

서경압록부
(임황)

맥

서압록(황수)

장춘

상경용천부

돈화

동모산

동경용원부(혼춘)

해 奚

송막

동평부

개원

혼하

중경현덕부

안변부

장령부

조양

심양

천문령

백두산 (불함산)

영주 榮州

백랑산

남경남해부
(해성)

동압록

안원부

계성

북경

평양

덕원(천정군)

동해

幽州

발해

암연(옹진)

대진강연

강릉(니하)

하북 河北

등주

내주

대제 大齊

신라

태원

치박

산동 山東

서해

금성(경주)

대마(임나)

山西

태산(대岱)

구야본국

일기국

황하

낙양

청주

왜 倭

이국(이세)

당
(8~907)

회수

말로국

축자(이도국)

고구려인 치청절도사
이정기의 대제大齊 영역

탐모라

대우국

아소산

안라

오吳

상해

종도

도산 釜山(회계산)

월越

남만南蠻

K-History

통일신라가 마주한 남북국시대를 맞이한다. 대진국 3대 무황제
때는 강역이 9천여 리에 이르렀고 '해동성국'이라고 불렸다. 대진
국이 926년 고려에게 망하면서 배달 민족의 무대가 대륙에서 반
도 방향으로 밀려나기 시작했다. 대진국 유민들이 고려로 유입한
'조대기'는 '환단고기' 못지않게 중요한 역사책이다. 고려시대 이
명은 '조대기'를 토대로 '진역유기'를 썼다.

조선시대와 천상열차분야지도

후고구려 궁예의 부하였던 왕건은 대진국, 통일신라 남북국시대에 종지부를 찍고 926년 통일국가를 세웠다. 국호는 고구려의 영광을 되찾겠다는 취지에서 고려라 했다. 고려시대 천문대 이름은 서운관이었는데 지금도 개성 근처에 관측대가 유적으로 남아 있다. 고려도 훌륭한 천문학 덕분에 해상왕국을 건설할 수 있었다. '고려사' 천문지에는 5천여 건의 천문 기록이 남아 있다.

고려시대 소전거사는 천보산에서 이암, 이명, 범장을 만나 천손의 역사를 전수했다. 그 결과 이암은 '환단고기'의 '단군세기'를, 범장은 '환단고기'의 '북부여기'를, 이명은 '진역유기'를 남길 수 있었다. '진역유기'는 다시 조선시대에 나온 '규원사화'의 바탕이 됐다.

• 고려시대 천문대 유적

K-History

고 려

고려 북방 영토 추정 강역

바이칼호 夫海

알

탁

이

산

맥

몽

▲천산天山

천산 맥

고비사막

서요西遼

▲삼위산 三危山

서하西夏

타림분지

황하

산

륜

맥

곤

토번吐蕃

티베트고원

히

말

라

야

산

맥

대리大理

실위

여진

골

대흥안령산맥

고려의 황해도 평산平山 사람 함보函普의 만주 이주와 7세 후손인 금金(1115~1234) 태조 아골타阿骨打의 흥기

요遼(거란)
(916~1125)

금金
(1115~1234)

하얼빈

완안부

연해주

요상경(임황)

시라무렌강

선춘령

영고탑(해림)

공험진
수분하

개원

▲홍산

원元
(1275~1368)

조양

철령鐵嶺

태백산

맥

대릉하

동경요양부(요양)

윤관 장군의 여진 정벌과 9성 축성
(1107~1108)

영주鹽州

해성

함흥

맥

유주幽州

북경(대도)
大都

삭주

안주

고

◎ 태원

발해

서경(평양)

동 해

황하

산동반도

개경

▲태산(대岱)

남경(서울)

려

황 해

◎ 정주

● 개봉(북송)

동경(경주)

송宋
(960~1279)

회수

박위의 대마도
정벌(1389)

일본

대마도

탐모라

큐슈

임안(남송)

▲도산 塗山(회계산)

동정호

K-History

고려시대 문하시중, 즉 국무총리까지 역임한 이암은 고성 이씨였다. 이암 덕분에 고성 이씨의 후손들은 천손의 역사를 지킨 가문이 됐다. 조선시대 '환단고기'의 '태백일사'를 쓴 이맥, 계연수가 '환단고기'를 찍을 때 결정적 도움을 준 이기 등이 모두 고성 이씨다.

1392년 고려를 무너트리고 조선을 건국한 태조 이성계는 백성들이 이를 하늘의 뜻으로 받아들여 주기 바랐다. 그러던 중 고구려 성좌도 탁본을 얻게 되자 그는 뛸듯이 기뻐하며 이를 돌에 새길 것을 명한다. 그리하여 태조 4년, 즉 1395년에 완성하니 이것이 현재 서울 경복궁에 보존되고 있는 국보 천상열차분야지도이다.

천상열차분야지도는 1247년에 만들어진 중국의 순우천문도의 뒤를 이어 세계에서 두 번째로 오래된 석각천문도이다. 하지만 천상열차분야지도의 별자리들은 순우천문도의 그것들과 모양이 다른 것이 많아 연관이 없다. 결정적 사실은 천상열차분야지도 오른쪽 아래 부분에 조선 태조에게 바

• 한국천문연구원 세종홀 중앙의 천상열차분야지도 복제본

• 천상열차분야지도

• 세종대왕

• 세종대왕 시대 천체관측 기구 간의

쳐진 탁본의 고구려 원본이 평양성에 있었는데 전란 중 강에 빠졌다고 새겨져 있다는 점이다. 즉 그 원본은 순우천문도보다 최소한 7백 년 전에 만들어졌다는 말이다.

천상열차분야지도 원본은 광개토태왕비 못지않은 문화유산이다. 우리가 천손이라는 사실을 증명해주는 귀중한 문화재다. 대한민국 만 원 지폐 뒷면 왼쪽에는 국보 혼천의가, 오른쪽에는 한국천문연구원 보현산천문대 1.8m 광학망원경이 소개돼 있다. 그리고 가운데 바탕에는 국보 천상열차분야지도가 깔려 있다. 조선시대에 들어와 서운관은 관상감으로 바뀐다.

• 만 원 지폐 뒷면

조선의 4대 세종대왕은 세계적으로도 유명한 성군이었다. 그는 대한민국의 고유 문자 한글, 훈민정음을 창제했다. 처음 훈민정음은 총 28자였으니 틀림없이 이십팔수 별자리와 관련이 있었을 것이다. 세종은 천문 분야에도 탁월한 업적을 남겼다. 세종대왕은 이순지 등을 시켜 책력 '칠정산'을 완성했는데 이는 한글 창제 못지않은 대왕의 치적이다. 앞에서 살펴본 바와 같이 이순지가 쓴 '천문류초'에 바로 환웅배달 시대 오성결집 기록이 있다.

대한민국 대전에 있는 한국천문연구원 본원 앞마당에는 세종대왕 시대 천체관측 기구 간의대가 실물 크기로 복원돼 있다. 간의대는 원래 서울 경복궁에 있었다.

이상 간단히 살펴본 바와 같이 대한민국 국통맥은 환인환국 → 환웅배달 → 단군조선 → 북부여 → 사국시대 → 남북국시대 → 고려 → 조선 → 대한민국으로 1만 년 동안 끊임없이 이어져 내려왔음을 알 수 있다.

삼성조 시대			삼성조 이후			
환인 천제 환국 7197~3897	환웅 천황 배달 3897~2333	단군왕검 조선 2333~238	고구려 백제 신라 가야 / 북부여 239~58	대진 통일신라	고려 926~1392	조선 1392~1910 / 한국 1948~
삼황오제시대	하	상	주	춘추 전국 진 한 / 삼국수당남북조	송	명 청 중국

• 대한민국의 국통맥

BC 5000 — 4000 — 3000 — 2000 — 1000 — 1(CE) — 1000 — 2000 — CE

개천가

하늘이 열리고 태극이 춤추던 날,

해와 달 내려와 오악을 비추네.

삼족오 높이 날아 해 품에 깃들고,

두꺼비 높이 뛰어 달 속에 안겼네.

환인, 환웅, 단군이여! 배달민족의 혼이여!

환인, 환웅, 단군이여! 백두산의 주인이여!

북에는 북두칠성, 남에는 남두육성,

하늘의 뜻에 따라 이 땅에 오셨네.

환인, 환웅, 단군이여! 배달 민족의 혼이여!

환인, 환웅, 단군이여! 백두산의 주인이여!

청룡주작 비상하고 백호현무 포효하니,

천손이 나아갈 길 저 멀리 보이네.

국기 태극기를 휘날리며
심오한 국학을 깨달아
개벽을 꿈꾼다

천손의 우주

K-Cosmos

환국의 천부경

태초 이자나기라는 신이 창으로 바다를 휘저으니 일본 열도가 만들어졌다. 이후 이자나기의 왼쪽 눈에서 해의 여신 아마테라스 오미카미, 즉 '천조대신'이 태어났다. 이어서 오른쪽 눈에서는 달의 여신이 태어나고……, 이것이 일본의 창세기 우주관이다.

태초 혼돈의 하늘과 땅 사이에 반고라는 거인이 태어났다. 반고가 죽자 왼쪽 눈은 해가 되고 오른쪽 눈은 달이 됐다. 피는 강이 돼 흐르고 살은 논과 밭이 됐으며… 이것이 중국의 창세기 우주관이다. 해와 달이 만들어지는 과정이 일본의 그것과 비슷하다. 반고는 '환단고기' 덕분에 실재인물이었음이 밝혀졌다.

실제로 미국에서 한국인, 일본인, 중국인이 모여 대화를 나눴다. 일본인과 중국인이 각각 자기 나라의 창세기 우주관을 자랑스럽게 얘기했다. 자기 차례가 되자 한국인은 대답을 못 했다고 한다. 사실 한국인 중에도 천부경 같은 경전이 있다는 사실조차 모르는 사람이 부지기수다.

천손에게 창세기 우주관이 없을 리가 있는가. 배달 민족은 신화가 아니라 글로 적은 형이상학적 우주관들을 가지고 있었다. 가장 대표적인 것이 천부경이다. '환단고기'에 따르면 천부경은 환국 시대부터 구전돼 내려오다가 배달 첫 환웅 때 신지 혁덕이 문자로 기록했다고 한다. 총 81자로 구성된 이 경전은 31자가 숫자인데도 불구하고 난해하기 짝이 없다.

1	시	무	시	1	석	3	극	무
진	본	천	1	1	지	1	2	인
1	3	1	적	10	거	무	궤	화
3	천	2	3	지	2	3	인	2
3	대	3	합	6	생	7	8	9
운	3	4	성	환	5	7	1	묘
연	만	왕	만	래	용	변	부	동
본	본	심	본	태	양	앙	명	인
중	천	지	1	1	종	무	종	1

• 81글자로 구성된 천부경

한가지 분명한 것은 1은 하늘, 2는 땅을 의미한다는 사실이다. 천손은 하늘을 아버지, 땅을 어머니로, 즉 천지를 부모로 모셨다. 즉 천손은 인간의 문명이 천지부모로부터 시작됐다는 사상을 가지고 있었다. 음양의 이치에서 봐도 1은 양의 근원인 하늘, 2는 음의 근원인 땅이 된다.

이리하여 홀수 1, 3, 5, 7, 9는 천수, 짝수 2, 4, 6, 8, 10은 지수가 됐다. 대한민국의 명절은 음력 1월 1일, 3월 3일, 5월 5일, 7월 7일, 9월 9일이다. 즉 음력 1월 1일 설날, 3월 3일 삼진날, 5월 5일 단오, 7월 7일 칠석, 9월 9일 중양절인 것이다.

앞에서 하늘에는 삼신이 있는 것처럼 땅에는 삼한이 있어야 한다고 믿는 것이 단군조선 정치의 뿌리가 됐다고 했다. 신이나 인간은 물론 나라까지 3수의 원리로 지배하는 것이다. 안경전의 '환단고기'를 따르면 천부경의 첫 부분은 이 3수의 원리를 따라 아래처럼 해석될 수 있다.

하나는 천지만물이 비롯된 근본이지만,
무에서 비롯한 하나이네.
이 하나가 나뉘어 하늘과 땅과 사람으로 작용해도
그 근본은 다함이 없네.

저자는 입자물리학에서 3개의 쿼크가 모여 양성자나 중성자를 만드는 것 또한 3수의 원리라고 생각한다. 이처럼 천부경은 얼마든지 현대적으로도 확대할 수 있는 심오한 내용으로 구성돼 있다. 하지만 이 책의 목적상 천부경 나머지 부분을 일일이 음미할 수는 없어 안경전의 '환단고기' 나머지 부분 해석을 그대로 옮기기로 한다.

하늘은 창조 운동의 뿌리로서 첫째가 되고,
땅은 생명의 생성 운동의 근원 되어 둘째가 되고,
사람은 천지의 꿈과 이상을 실현하여 셋째가 되네.
하나가 생장 운동을 하여 열까지 열리지만
다함 없는 조화로써 3수의 도 이룬다네.

하늘도 음양 운동 3수로 돌아가고,
땅도 음양 운동 3수로 순환하고,
사람도 음양 운동 3수로 살아감에
천·지·인 큰 3수 마주 합해 6수 되니
생장성 7·8·9를 생한다네.

천지 만물은 3수와 4수의 변화 마디로 운행하고
5수와 7수 변화 원리로 순환 운동 이룬다네.
하나는 오묘하게 순환 운동 반복하여
조화 작용 무궁이나 그 근본은 변함없네.
근본은 마음이니 태양에 근본 두어
마음의 대광명 한없이 밝고 밝네.

인간은 천지 중심 존귀한 태일이라.
하나는 천지 만물 끝을 맺는 근본이나
무로 돌아가 마무리된 하나이네.

　천부경은 신라시대 실재 인물 최치원에 의해 정리됐기 때문에 존재를 의심할 여지가 없다. 수없이 많은 해석이 있지만 제각각이다. 고려시대 민안부의 문집 '농은유집'에서 갑골문자 81자로 그려진 천부경이 발견됐다고 2002년 언론에 공개돼 주목을 받았다.

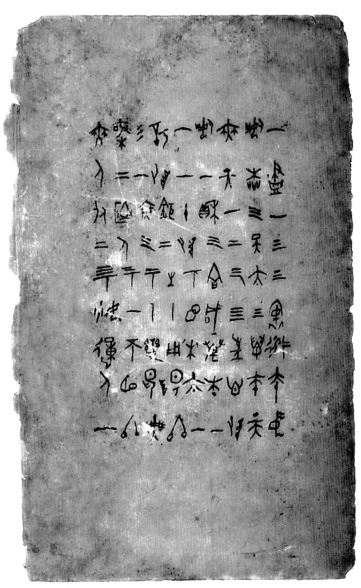

• 민안부 '농은유집'의 천부경

음양오행 우주

우주는 흔히 영어로 universe 또는 cosmos로 표현된다. 유니버스는 별과 은하로 채워진 거대한 우주다. 예를 들어 '별, 은하, 우주'를 영어로 번역하면 'stars, galaxies, and the universe' 같이 돼야 한다. 예를 들어 어떤 책의 제목이 '유니버스'라면 그 책은 천문학 교과서라고 보면 된다. '유니버스'라는 단어에 인문학 같은 과학 이외의 요소가 접목되기는 어려운 것이다.

코스모스는 한마디로 '유니버스+알파'다. 여기서 '알파'는 인간의 주관적 요구사항이라 할 수 있다. 예를 들어, 바둑 두는 사람들이 바둑판은 하나의 우주라고 말할 때 그것은 코스모스다. 종교에서 말하는 우주 역시 코스모스가 된다. 중세까지 인류가 다룬 우주는 유니버스보다 코스모스에 가까웠다.

코스모스는 경우에 따라 유니버스보다 우리 인생에 더 중요할 수도 있다. 특히 동양인들에게는 더욱 그렇다. 예를 들어 동양에 장기가 있다면 서양에는 체스가 있다고 말한다. 하지만 정작 동양의 바둑에 해당되는 것은 서양에 없어 차이가 두드러진다.

서양의 아리스토텔레스는 자연철학자들의 고대 우주관을 집대성해 4원소를 주장했다. 즉 물, 불, 공기, 흙이 어떤 비율로 배합돼 우주의 모든 물질을 만들어낸다고 주장했던 것이다. 흙은 물속에서 가라앉고 공기 방울은 물속에서 떠오르므로, 공기 중에서 타오르는 불이 4원소 중에서 가장 가벼웠다. 따라서 밑에서부터 흙, 물, 공기, 불의 순서로 배열된다면 운동이란 있을 수가 없는 것이

K-Cosmos

아리스토텔레스의 우주다.

하지만 실제로는 그 배합이 마구 뒤섞여 있어서 우주에서는 끊임없는 변화가 일어나게 된다. 예를 들어, 흙 성분이 강한 것으로 믿어지는 쇠는 공기 중에서 밑으로 떨어질 수밖에 없다. 따라서 아리스토텔레스의 운동론에서 무게란 지구의 중심을 향해 떨어지려는 척도와 같아서 더 무거운 물체는 더 빨리 아래로 떨어져야 한다. 이 잘못된 개념은 근세에 이르러 갈릴레이에 이르러 바로잡힌다.

태호복희의 코스모스는 음과 양, 두 가지 기운으로 만들어진다. 음양오행 우주에서 삼라만상은 하늘과 땅, 해와 달, 남자와 여자, 밝음과 어둠…… 음양의 두 기운이 조화를 부려 일어난다. 남자와 여자 사이에서 아이들이 나오고, 하늘과 땅 사이에서 만물이 태어나고, 새벽이 밝아오면 양이 강해져 정오에 절정에 도달한 후 그 순간부터 음이 자라 어두운 저녁이 된다.

이런 식으로 음양은 우주를 창조하고 진화하는 기운이 된다. 즉 음양의 조화가 우주를 유지하는 필요충분조건이라고 보는 것이다. 음양오행 우주는 물질에 머물지 않고 인간의 영성 분야까지 영향을 미친다. 사람의 몸 안에도 음양의 기운이 있어 몸 밖의 음양 기운과 조화를 이뤄야 잘 살 수 있다고 보는 것이다.

남자 한복은 웃옷을 열어 하늘의 기운을 받고 바지 아래는 묶어 땅의 기운을 막는다. 여자 한복은 웃옷을 묶어 하늘의 기운을 막고 치마를 넓게 벌려 땅의 기운을 받는다. 과학적으로 옳고 그름을 떠나서 이런 문화를 가지고 있었던 조상들이 자랑스러울 뿐이다.

해와 달의 겉보기 크기가 같은 덕에 음과 양도 동등한 자격을 갖추게 됐다. 지구가 도는 해와 지구를 도는 달이 지구에서 보면 크기가 같다는 사실이 정말 신기하지 않은가? 이는 해가 달보다 400배 큰 대신 400배 먼 거리에 있기 때문이다. 하늘의 조화요 신의 뜻이다.

지구에서 해가 달보다 2배쯤 더 크게 보인다고 상상해보라. 어떻게 해와 달이 동등한 자격을 갖출 수 있겠는가. 이처럼 해와 달은 인류의 생각을 지배해왔다. 만일 하늘에 해가 2개 떠있어도 엄청난 영향을 미쳤을 것이다. 해가 서쪽에서 떠서 동쪽으로 졌어도 세계사의 흐름은 바뀌었을 것이다.

태호복희도 아리스토텔레스와 유사하게 나무, 불, 흙, 쇠, 물 등 5원소로 구성된 우주를 생각했다. 그런데 태호복희의 5원소는 서로 상생하고 상극하는 상호작용까지 한다. 단순히 자연을 구성하기만 하는 아리스토텔레스의 4원소에 비하면 훨씬 더 발전된 모습을 보여주고 있다.

태호복희의 5원소는 목(나무) → 화(불) → 토(흙) → 금(쇠) → 수(물) 순서로 상생하게 된다. 첫 번째 '목 → 화'는 나무가 타야 불이 산다는 뜻이다. 마찬가지로 이하 불에서 흙이 태어난다, 흙 속에 쇠가 있다, 쇠에서 물이 나온다, 물이 나무를 살린다…… 상생 순환이다. 상생 순서를 하나씩 건너뛰면 상극이 된다. 즉 상극 순환은 수 → 화 → 금 → 목 → 토 순서로 이뤄진다.

K-Cosmos

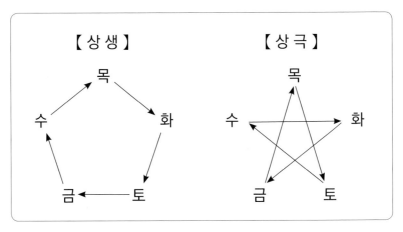

• 태호복희의 5원소

　지금까지 살펴본 바와 같이 태호복희의 5원소 우주는 아리스토 텔레스의 4원소 우주보다 훨씬 더 정교하고 의미심장하다. 이러 한 차이 때문에 태호복희의 5원소 우주는 동양의 모든 분야에 심 대한 영향을 끼쳤다. 그 영향은 현대과학으로도 해석할 수 없는 영성문화 분야까지 이르렀다.

개벽과 하도

태호복희는 목 → 화 → 토 → 금 → 수 상생 순환을 하도라는 그림으로 정리했다. 하도는 흑백 점들로 표시되기 때문에 바둑판에 묘사할 수 있다. 전설에 따르면 하도는 용마의 등에 새겨진 무늬를 보고 만들어졌다고 한다. 동양에서는 홀수를 천수, 하늘의 숫자로 짝수를 지수, 땅의 숫자로 여겼다. 하도를 보면 천수는 흰 돌, 지수는 검은 돌로 표시돼 있음을 알 수 있다.

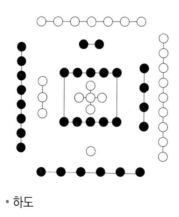

• 하도

천수 중 1은 우주의 시작이요 근본을 상징하는 것이다. 즉 다른 숫자들이 모두 1에서 비롯되는 것으로 보는 것이다. 서양의 탈레스는 만물의 근원이 물이라 했다. 이런 개념의 연장선에서 1은 물, 즉 수를 상징한다. 방위로는 모든 변화의 근본 자리인 북쪽, 계절로는 봄을 기다리는 겨울을 의미한다.

지수 2는 음양으로 분화하는 숫자이다. 비록 1에서 태어나지만

1과 함께 부모가 돼 모든 숫자를 낳는다. 그래서 1은 하늘, 2는 땅을 의미하기도 한다. 또한 물을 뜻하는 1에 상대적으로 2는 불을 뜻한다. 이는 서양의 헤라클레이토스가 만물의 근원이 불이라 주장한 것과 맥락을 같이 한다. 즉 2는 불, 즉 화를 상징하며 방위로는 북쪽의 반대 방향, 따뜻한 남쪽을 뜻한다. 계절은 자연스럽게 여름을 의미한다.

천수 3은 천수 1과 지수 2가 더해져 최초로 만들어지는 숫자이다. 음양이 합쳐서 태어난 최초의 숫자이기 때문에 계절로는 만물이 소생하는 봄을 상징한다. 따라서 자연스럽게 나무, 즉 목을 상징하게 됐고 방위로는 해가 뜨는 동쪽을 뜻한다. 3은 추상적으로 우주를 이루는 최소한의 숫자가 된다. 우주를 하늘, 땅, 사람의 조화로 보는 것도 숫자 3에 기인한다. 즉 3은 마치 정·반·합의 합과 같은 존재다.

지수 4는 물, 불, 나무와 함께 우주를 구성하는 쇠, 즉 금을 상징하게 됐다. 사계절 중 하나 남은 가을을 의미하며 방향으로는 서쪽이다. 쇠가 추가됨으로써 동서남북, 춘하추동 등 우주의 모습이 완결된 것이다. 이는 마치 물, 불, 공기, 흙 4원소로 구성된 아리스토텔레스의 우주와 같다.

천수 5는 음양의 조화 주체가 되는 수로서 흙, 즉 토를 상징한다. 앞서 1, 2, 3, 4로 상징된 물, 불, 나무, 쇠 등은 모두 흙을 떠나서 존재할 수 없는 것들이다. 따라서 하늘 아래 모든 것의 배경이 돼 특정한 방향이 아니라 중앙을 의미한다.

이로써 태호복희의 상생 순환 우주관이 하도로 나타난다. 음양

두 기운과 '목화토금수' 5원소가 구성하는 동양의 고대 우주관이 완성되기에 이른다. 여기서 '목화토금수'는 춘하추동, 상생의 순서에 따라 적은 것이다. 하도는 바로 태호복희가 받아내린 음양오행 우주의 설계도라 할 수 있다.

태호복희는 1, 2, 3, 4, 5는 생수, 6, 7, 8, 9, 10은 성수로 구분했다. 여기서 생수는 만물을 발생시키는 숫자이고 성수란 만물의 형성시키는 숫자를 말한다. 하도에서 생수의 마지막 숫자 5와 성수의 마지막 숫자 10은 중앙에 배치된다. 하도를 보면 안쪽에 생수 1, 2, 3, 4가, 바깥쪽에 성수 6, 7, 8, 9가 배치돼 있음을 알 수 있다. 흰 돌들은 1 → 3 → 7 → 9 순서로 휘돌며 안쪽에서 바깥쪽으로 나가는 양의 기운이고 검은 돌들은 8 → 6 → 4 → 2 순서로 휘돌며 바깥쪽에서 안쪽으로 들어가는 음의 기운이다. 하도에서 천수는 흰 점으로, 지수는 검은 점으로 표시돼 있기 때문에 바둑판에 나타낼 수 있다.

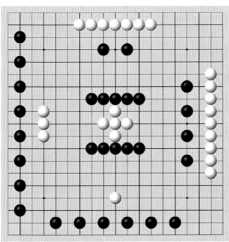

• 바둑판에 만든 하도

하도에서는 아래가 북쪽이고 위가 남쪽이다. 즉 흰 돌 1개는 북쪽, 검은 돌 2개는 남쪽, 흰 돌 3개는 동쪽, 검은 돌 4개는 서쪽에 배치됐다. 가운데 5가 북쪽 1과 합해 6, 남쪽 2와 합해 7, 동쪽 3과 합해 8, 서쪽 4와 합해 9를 만들고 중앙은 5가 2번 더해져 10이 된다. 음양오행 우주에서 1·6은 '수', 2·7은 '화', 3·8은 '목', 4·9는 '금', 5·10은 '토'에 해당한다. 따라서 태호복희 5원소는 하도에서 그림과 같이 배치된다.

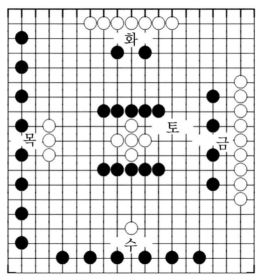

• 하도와 태호복희의 5원소

음양오행 우주에서는 목 → 화 → 금 → 수 기운의 순환이 봄 → 여름 → 가을 → 겨울 계절의 변화를 낳는다고 본다. 그런데 지구뿐 아니라 우주 전체도 순환한다고 믿는 천손의 우주관이다. 즉 지구의 1년이 춘하추동으로 순환하는 것처럼 우주의 1년 역시 춘하추동으로 순환한다는 것이다. 이러한 우주의 1년은 약 10만 년으로 보는데 과학적으로도 그럴듯하다. 이는 우주의 겨울로 간주하는 빙하기가 대략 10만 년 주기로 반복되기 때문이다.

문제는 하도의 바깥 부분을 시계 방향으로 회전하는 상생 순환이 자연스럽지 못하다는 것이다. 즉 목 → 화는 상생 방향이지만 화 → 금은 상극 방향이다. 즉 불이 쇠를 녹이기 때문에 상생 순환이 멈춘다는 것이다. 이를 극복하기 위해서는 중앙 토의 개입이 불가피하게 된다. 즉 화 → 토 → 금 순서로 상생 순환을 이어가는 것이다.

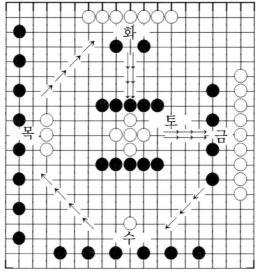

• 하도의 시계 방향 상생 순환

여기서 개벽의 개념이 등장하게 됐다. 앞서 천손의 우주관은 우주의 1년을 약 10만 년으로 본다고 했다. 즉 우주의 여름에서 가을로 넘어가는 하추교역기에 토의 개입이, 즉 삼신의 개입이 불가피하다. 배달 민족은 삼신이 천지공사를 하는 이 사건을 개벽이라

K-Cosmos

고 불렀다.

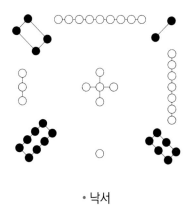

• 낙서

낙서는 단군왕검이 완성했다. '태백속경'에 따르면 처음에는 단군이 완성해 황금거북에 새겨 바다에 띄워 보내며 "동쪽으로 가든 서쪽으로 가든 네가 가는 대로 맡기리라. 이것을 얻는 자는 성인이 되리라." 말했는데 하나라 우왕이 낙수에 이르렀다가 낙서를 취했다고 알려졌다. 앞에서 알아본 바와 같이 우나라 우사공은 부루 태자가 오행치수법을 전달한 바람에 하나라 왕이 됐다. 왕검, 부루 두 단군의 덕을 톡톡히 본 우왕이라 하겠다. 낙서는 하도와 달리 상극 순환을 보여주는 그림으로 마방진도 겸하고 있다. 실제로 어느 방향으로 세 숫자를 합해도 15가 됨을 알 수 있다.

낙서는 수 → 화 → 금 → 목 → 토 상극 순환을 시계 반대 방향으로 한다. 낙서에서도 중앙 토의 개입은 불가피하다.

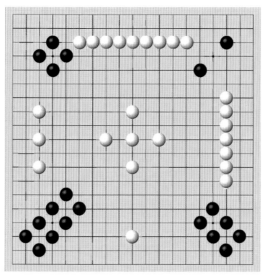

• 바둑판에 만든 낙서

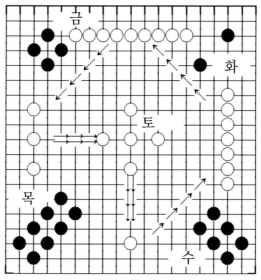

• 낙서의 시계 방향 상극 순환

K-Cosmos

복희팔괘와 태극

음양오행 우주에서 괘를 만들 때 긴 것, ▬▬은 양효, 둘로 나뉜 것, ▬ ▬은 음효라 한다. 숫자 0과 1로 나타낼 수 있는 세 자리 2진법 숫자는 000, 001, 010, 011, 100, 101, 110, 111 등 총 8개가 있다. 이와 마찬가지로 음효를 숫자 0, 양효를 숫자 1로 나타내면 세 효가 만드는 괘 역시 8개가 있다. 태호복희는 이 8개의 팔괘 각각 이름을 짓고 의미를 부여했다.

팔괘	☰	☱	☲	☳	☴	☵	☶	☷
사상	(태양)		(소음)		(소양)		(태음)	
양의	(양)				(음)			

• 음양 팔괘의 생성

순서	괘	이름	의미	비고
1	☰	건	천	하늘
2	☱	태	택	연못, 바다
3	☲	이	화	불, 해
4	☳	진	뢰	우레, 벼락
5	☴	손	풍	바람
6	☵	감	수	물, 달
7	☶	간	산	산
8	☷	곤	지	땅

• 음양 팔괘의 이름과 의미

태호복희의 천재성은 팔괘를 원형으로 배치한 것에서 엿볼 수 있다. 이 복희팔괘에서 마주 보는 두 괘 이름의 숫자를 더하면 9가 된다. 예를 들면 삼리의 3과 육감의 6을 더하면 9가 되는 것이다. 마주 보는 괘는 모양 또한 완전히 대칭을 이룬다. 또한 양효를 1조각, 음효를 2조각으로 본다면 마주 보는 두 괘를 합하면 9조각이 된다. 예를 들면 삼리는 4조각, 육감은 5조각이므로 합은 9조각이다. 신기하지 않은가.

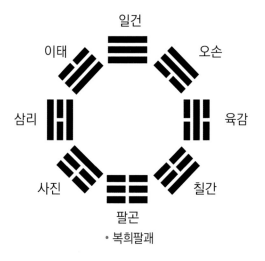

• 복희팔괘

복희팔괘에서 일건, 하늘은 제일 위에 있고 팔곤, 땅은 제일 아래에 있다. 즉 하늘과 땅이 틀을 짜는 것이다. 또한 양효가 많은 '따뜻한' 위 방향이 남쪽이 되고 음효가 많은 '추운' 아래 방향이 북쪽이 된다. 이는 물론 사람이 따뜻한 햇볕을 받으며 북쪽에서 남쪽을 향해 앉기 때문이기도 하다. 따라서 팔괘의 왼쪽은 동쪽, 오른쪽은 서쪽이 되는 것이다. 삼리가 동쪽에, 육감이 서쪽에 있는 것은 둥근 해가 동쪽에 있을 때 둥근 달은 서쪽에 있기 때문이

K-Cosmos

다. 이리하여 천문사괘 일건, 삼리, 육감, 팔곤이 동서남북 방향에 자리를 잡았다. 해와 달이 방향을 정하는 것은 당연한 일이다.

이제 대각선 방향에 자리 잡은 지리사괘 이태, 사진, 오손, 칠간에 대해 알아보자. 태호복희 시대 배달 민족의 무대는 대륙이었기 때문에 남북이 뒤집힌 중국 영토를 보면 이해하기 쉽다. 칠간이 북서쪽에 배치된 것은 그 방향에 산악지대가 있기 때문이다. 산은 땅에 붙어있으니 칠간이 팔곤 옆에 있는 것도 자연스럽다. 이태가 남동쪽에 배치된 것은 그 방향에 바다가 있기 때문이다. 사진은 벼락이 땅에서 올라온다고 믿어서 팔곤 옆에 배치됐고 바람은 하늘에서 불어 내려오기 때문에 오손은 일건 옆에 자리를 잡았다.

• 복희팔괘가 기술하는 공간 방향

이리하여 복희팔괘의 동서남북 방향에는 천문사괘가, 대각선 방향에는 지리사괘가 자리를 잡게 됐다. 위아래를 뒤집으면 천문사괘는 모양이 바뀌지 않지만 지리사괘는 모양이 바뀌는데 이 또한 신기한 일이다.

대한민국 서울에 있는 경복궁 근정전 옥좌 뒤에는 일월오봉도 병풍이 있다. 일월오봉도란 해와 달과 5개의 산봉우리라는 뜻이니 태호복희의 음양오행 우주를 상징하는 그림이다. 천손의 통치자는 우주, 즉 하늘이 내린다는 뜻이 아니고 무엇이겠는가. 이는 세계 어디에서도 찾아볼 수 없는, 품격 높은 천손의 장식이 아닐 수 없다. 천손의 통치자는 남쪽을 바라보고 앉으므로 사진의 왼쪽이 서쪽, 오른쪽이 동쪽이 된다. 복희팔괘와 마찬가지로 일월오봉도 오른쪽에 해가 있고 왼쪽에 달이 있음을 알 수 있다. 일월오봉도는 세종대왕과 함께 대한민국 만 원 지폐 앞면을 장식하고 있다.

태극의 형상은 복희팔괘에서 자연스럽게 태어난다. 그림을 보

• 근정전 일월오봉도

• 만 원 지폐 앞면

K-Cosmos

• 태극기의 원형

면 팔괘 안쪽에 있는 원이 8개의 부채꼴로 나뉘어 있다. 일건 바로 밑의 부채꼴이 완전히 흰색이다. 음효가 없고 양효만 3개이므로 부채꼴도 양의 기운, 흰색으로 메워진 것이다. 반대로 팔곤 바로 위의 부채꼴은 완전히 회색이다. 양효가 없고 음효만 3개이므로 부채꼴도 음의 기운, 회색으로 메워진 것이다. 그 다음 위쪽에 있는 삼태, 오손 방향 부채꼴을 보자. 부채꼴의 면적 2/3는 흰색, 1/3은 회색인데 이는 각각 2개의 양효와 1개의 음효가 있기 때문이다. 마찬가지 이유로 아래쪽 사진, 칠간 방향 부채꼴들의 면적 2/3는 회색, 1/3은 흰색이 된다. 이런 식으로 매끄럽게 선을 이으면 자연스럽게 태극의 형상이 나타나는 것이다.

문왕팔괘와 주역

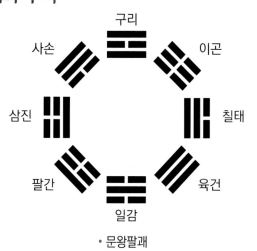

• 문왕팔괘

복희팔괘에서는 천지부모인 건괘과 곤괘가 각각 위아래 중심축을 잡았다. 하지만 문왕팔괘에서는 감괘와 이괘가 그 역할을 하고 있다. 문왕팔괘의 숫자 배치를 보자.

$$4 \quad 9 \quad 2$$
$$3 \qquad 7$$
$$8 \quad 1 \quad 6$$

낙서에서 중앙 5를 뺀 것임을 알 수 있다. 마주 보는 두 수의 합은 정확히 10이 된다. 예를 들어 삼진의 3과 칠태의 7을 더하면 10이 된다. 여기서 우리는 문왕팔괘가 분명히 낙서와 관련이 있음을 깨달을 수 있다. 복희팔괘의 경우는 마주 보는 두 수의 합이 9였다.

이리하여 문왕팔괘의 순서는 일감, 이곤, 삼진, 사손, 육건, 칠태, 팔간, 구리가 된다. 복희팔괘와 비교하면 5가 없는 대신 9가

K-Cosmos

추가됐음을 알 수 있다. 이런 식으로 일부 주역 연구자들은 복희 팔괘와 하도의 관련성에 대해서도 언급하고 있다. 이는 물론 둘 다 태호복희가 만들었기 때문일 것이다. 하지만 문왕팔괘와 낙서처럼 명확한 근거는 없다.

　주역의 문왕팔괘 해석을 요약하면 다음과 같다. 진괘는 양효가 두 음효를 뚫고 솟아오르는 모습이므로 싹이 트는 봄, 방향으로는 동쪽을 상징한다. 손괘는 만물의 발육을 상징하니 봄과 여름 사이, 방향으로는 남동쪽을 상징한다. 이괘는 밝아 만물이 서로 다투며 자라니 여름, 방향으로는 남쪽을 상징한다. 곤괘는 땅이므로 만물을 왕성하게 만들어 결실 직전인 여름과 가을 사이, 방향으로는 남서쪽을 상징한다. 태괘는 생기를 아래로 흡수해 결실을 맺으니 가을, 방향으로는 서쪽을 상징한다. 건괘 강건해 찬 기운이 점점 더 강해지는, 음의 기운과 싸움을 시작하는 가을과 겨울 사이를, 방향으로는 북서쪽을 상징한다. 감괘는 물이니 겨울, 방향으로는 북쪽을 상징한다. 간괘는 만물이 죽고 새로 태어나는 겨울과 봄 사이, 방향으로는 북동쪽을 상징한다.

　정리하자면 만물은 진괘에서 시작돼 손괘에서 틀을 잡고, 이괘에서 빛나 곤괘에서 자라고, 태괘에서 거둬 건괘에서 싸우며, 감괘에서 쉬고 간괘에서 끝난다. 따라서 문왕팔괘의 동쪽 진괘는 봄, 남쪽 이괘는 여름, 서쪽 태괘는 가을, 북쪽 감괘는 겨울을 각각 상징한다. 또한 남동쪽 손괘는 봄과 여름 사이, 남서쪽 곤괘는 여름과 가을 사이, 북서쪽 건괘는 가을과 겨울 사이, 북동쪽 간괘는 겨울과 봄 사이를 상징한다. 즉 문왕팔괘는 진 → 손 → 이 →

곤 → 태 → 건 → 감 → 간 순서로 우선하며 춘하추동 시간의 흐름을 따라가는 것이다. 복희팔괘가 공간적 배치된 것이라면 문왕팔괘는 시간적으로 배치된 것이라는 사실을 깨닫게 된다.

앞에서 살펴본 바와 같이 하·상·주의 지배계층이 모두 배달 민족이었다. 한마디로 주나라 문왕, 주공 역시 모두 배달 민족이었다는 말이다. 따라서 주역은 배달 민족 것이다. 다시 한번 강조하지만 동양 우주관이란 곧 배달 민족 우주관에 다름 아니다.

주역은 배달국의 환역, 하나라의 연산역, 상나라의 귀장역 등을 총망라해 태어났는데 육십사괘에 근거를 두고 있다. 육십사괘는 팔괘를 2개씩 위아래로 포개 만들어지며 총 8 × 8 = 64개가 있

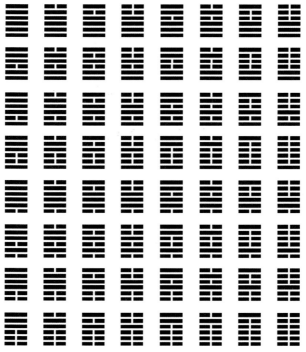

• 주역의 육십사괘

다. 육십사괘는 정사각형 모양으로 배치될 수 있다. 문왕은 이 육십사괘에 일일이 주석을 달았는데 이것을 괘사라고 한다. 즉 괘사는 총 64개가 있는 것이다.

그림에서 맨 아래 여덟 괘는 하괘가 건이다. 그리고 아래로부터 올라오면서 하괘는 태, 이, 진, 손, 감, 간, 곤괘 순서다. 하괘가 결정되면 상괘를 오른쪽부터 왼쪽으로 건, 태, 이, 진, 손, 감, 간, 곤괘 순서로 얹는다. 그러면 육십사괘가 완성되는 것이다. 육십사괘는 원 모양으로 배치될 수도 있다.

예를 들어 상괘가 복희팔괘의 육감-수 괘, 하괘가 복희팔괘의 사진-뢰 괘인 경우를 보자. 이 괘의 이름은 '수뢰'로 시작하고 고유명 '둔'이 추가돼 결국 '수뢰둔'이 된다.

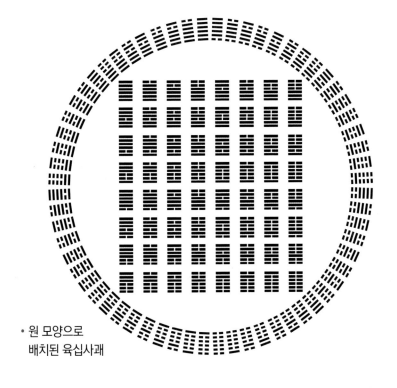

• 원 모양으로
  배치된 육십사괘

• 수뢰둔 괘

    이 괘를 해석한 문왕의 괘사는 둔은 크게 형통하고 바르게 함이 이롭다, 갈 곳이 있어도 가지 말아야 한다, 군주가 제후를 세워야만 이롭다, 이런 뜻이다. 이런 식으로 문왕은 64괘에 모두 주석을 달았다. 주공은 각 괘의 6개의 효에 대해 일일이 효사를 달았다. 따라서 효사는 총 64 × 6 = 384개나 된다. 더 이상의 기술은 생략한다.

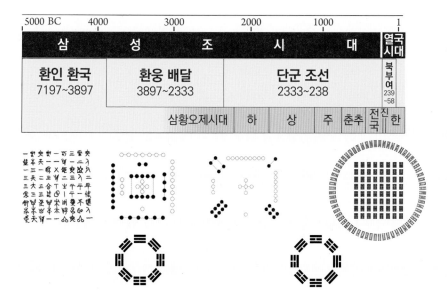

• 배달 민족의 서기전 우주관

K-Cosmos

대한민국 사괘 태극기

조선시대 선비라면 누구나 공부한 사서삼경 중 '역경'이 바로 주역이다. 주역을 이해했다는 말은 천손의 우주관을 완벽하게 숙지하고 있다는 뜻이다. 따라서 조선의 선비들이 만든 깃발 등 상징물에 자연스럽게 천손의 우주가 담길 수밖에 없었다.

조선시대의 군기는 낙서와 문왕팔괘의 조합임을 한눈에 알 수 있다. 특히 낙서의 '7'을 북두칠성으로 표현한 점이 이채롭다. 놀랍지 않은가. 현대를 사는 대한민국 국민 중 깃발을 보자마자 낙서와 문왕팔괘인 줄 아는 사람이 몇 퍼센트나 될까. 어기, 즉 임금님 깃발을 보자. 역시 문왕팔괘를 이용하고 있다.

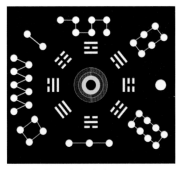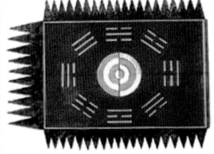

• 조선 말 군기와 어기

가장 오래된 태극기로 사괘 태극기는 데니, Denny의 태극기다. 고종황제가 미국 외교관 데니에게 하사한 것으로 태극 모양이 많이 휘어서 마치 복희팔괘가 만드는 태극에 더 근접한 모양이다.

• 데니의 태극기

　고종은 복희팔괘 태극기를 조선의 국기로 정하자고 제안할 정
도로 총명했다. 이미 앞에서 공부한 바와 같이 태극기 자체가 훌
륭한 인류문화 유산이다. 음양오행 우주의 상징이자 정수인 것이
다. 박영효는 1882년 고종으로부터 복희팔괘 태극기를 가지고 가
라는 명을 받고 수신사로서 일본을 향했다.

• 복희팔괘 태극기

K-Cosmos

일본으로 가던 배에서 박영효는 팔괘 대신 천문사괘만을 그려 넣은 태극기를 만들었다. 즉 복희팔괘 태극기의 대각선 방향에 있는 지리사괘 태, 진, 손, 간괘를 빼고 동서남북 방향에 있는 천문사괘 건, 이, 감, 곤괘만 남겨놓은 것이 현재 태극기의 원형인 것이다.

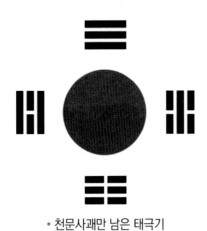

• 천문사괘만 남은 태극기

천문사괘만 남은 태극기를 국제 규격인 3:2 직사각형 안에 보기 좋게 다시 그린 것이 현재의 태극기다. 이리하여 고종 덕분에 '태극 전사'는 대한민국 선수가 됐고 '태극 날개'는 대한민국 국적기가 된 것이다. 이 책을 제대로 읽은 사람이라면 현재의 천문사괘 태극기는 원래 고종이 제안한 복희팔괘 태극기로 돌아가는 것이 바람직하다는 주장에 동의할 것이다. 음양오행 우주의 완벽한 상징을 국기로 삼는다는 것이 얼마나 자랑스러운 일인가. 통일을 계기로 복희팔괘 태극기로 바꾸며 추가되는 지리사괘는 북한 몫으로 간주하면 정말 바람직할 것이다.

3

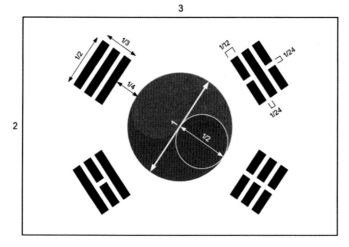

2

• 현재의 천문사괘 태극기와 작도법

　온 국민이 이 책 내용 정도는 알아야 복희팔괘 태극기를 가질
자격이 있다. 당장 그리기 까다롭다고 원성이 나올 것이다. 현재
사괘 태극기도 어려운데 어떻게 팔괘 태극기를 그리느냐 항의할
수도 있다. 하지만 국민은 반대하기 이전에 공부할 생각을 먼저
해야 한다. 훌륭한 국기는 훌륭한 국민만이 소유할 수 있는 것이

K-Cosmos

다. 사실 작도가 불가능한 다른 나라 국기도 얼마든지 있지 않은가. 간단한 이치를 깨달아 그릴 수 있는 국기라면 초등교육에서 그 원리를 가르치면 된다.

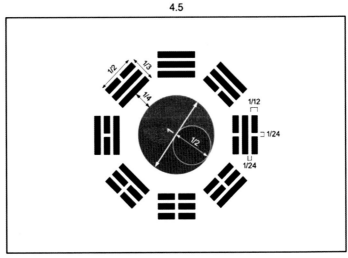

• 바람직한 통일 대한민국의 복희팔괘 태극기

여기서 태극기를 만든 태호복희는 5,500년 전 사람이라는 사실을 다시 한 번 강조한다. 태극기는 무려 5,500년이나 된 국기인 것이다.

주역에서 정역으로

앞에서 복희팔괘가 공간적 배치된 것이라면 문왕팔괘는 시간적으로 배치된 것이라고 기술한 바 있다. 마치 상대성이론에서 3차원 공간과 1차원 시간을 합해 4차원 시공간을 만든 것처럼 복희팔괘와 문왕팔괘를 합한 새로운 정역팔괘가 조선 말 김일부에 의해 새롭게 주장된다. 복희팔괘와 문왕팔괘는 선천팔괘, 정역팔괘는 후천팔괘라고도 한다. 정역은 서양의 근대과학이 알려진 19세기에 나왔기 때문에 주역과 달리 많은 과학적 해석을 포함하고 있다. 정역은 태음태양력 등 천문학적 해석을 많이 포함하고 있어 지금도 활발히 연구되고 있다.

• 김일부

정역은 올바른 역이라는 뜻이다. 정역팔괘는 일손, 삼태, 사감, 오곤, 육진, 팔간, 구리, 십건으로 구성된다. 즉 2와 7이 없는 대신 9와 10이 추가돼 팔괘를 이루는 것이다. 정역에서 2와 7은 이천, 칠지의 형태로 따로 작용한다. 복희팔괘와 마찬가지로 마주보는 괘의 조각 수는 합이 9가 되고 건괘와 곤괘가 중심을 잡고 있지만 '천지'가 '지천'으로 바꿔어 있다. 정역의 등장으로 '동양 우주관의 시즌2'가 시작됐다. 정역은 무극, 태극, 황극의 3수로 기술하는 독특한 우주관을 지니고 있다.

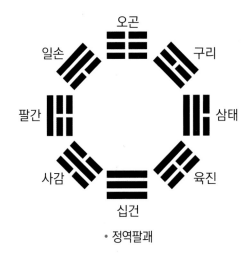

• 정역팔괘

사실 지금까지 공부한 천손의 우주관 계보를 생각하면 정역팔괘 안에 삼태극을 넣은 태극기가 가장 완벽할 것이다. 여기서 삼태극은 천·지·인을 의미한다. 하지만 통일 대한민국의 국기를 복희팔괘 태극기로 바꾸는 일도 쉽지 않아 보이는 마당에 정역팔괘 삼태극기를 주장하기란 거의 불가능해 보인다.

• 정역팔괘 삼태극

정역은 후천을 기술하며 하도와 함께 개벽을 뒷받침하고 있다. 개벽은 양의 기운이 지배하던 선천에서 음의 기운이 지배하는 후천으로 넘어갈 때 일어나기 때문이다. 이는 앞에서 하도가 우주의 여름에서 가을로 넘어가는 하추교역기에 삼신의 개입이 불가피하다고 기술한 것과 일맥상통한다. 이것은 후천개벽으로서 시대의 종말보다 새로운 세상이 열린다는 의미를 지닌다. 후천개벽에는 새로운 세상을 열어가고 싶은 민초들의 꿈도 담겨있어 동학혁명으로 이어졌다.

우주의 겨울이 끝나고 봄이 시작될 때는 선천개벽이 일어난다. 선천개벽은 인류에게 전혀 해롭지 않다. 왜냐하면 빙하를 거치며 거의 절멸한 인류가 다시 번성하기 시작하기 때문이다. 인류는 우주의 여름까지 문명을 발전시키며 성장하다가 후천개벽을 맞이하게 된다. 지구의 1년과 마찬가지로 봄에는 생명체가 번성하지만 여름이 지나 가을이 되면 사라지는 춘생추살이 자연의 이치다. 후천개벽이 두려운 이유가 바로 이것이다.

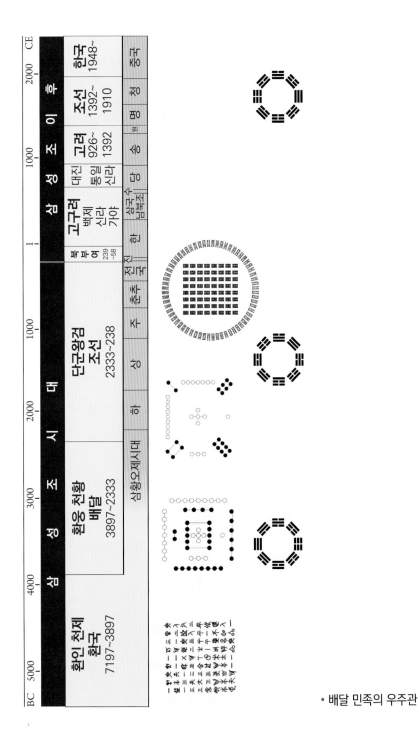

• 배달 민족의 우주관

삼성조시대

환인성조의 환국이 있었다고
일월성진 말해주노라.
환국의 용봉이 노래한 천부경,
동녘 하늘을 열었도다.

환웅성조의 배달이 있었다고
오성개합 말해주노라.
배달의 태호복희 음양오행 하도,
치우천자 시대를 열었도다.

단군성조의 조선이 있었다고
오성취루 말해주노라.
조선의 부루태자 홍범구주 낙서,
대한의 시대를 열었도다.

국가 애국가를 부르며

거룩한 국혼을 깨달아

인생을 바꾼다

천손의 정신

K-Spirit

애국가의 하느님

　　동해물과 백두산이 마르고 닳도록

　　하느님이 보우하사 우리나라 만세

　　무궁화 삼천리 화려 강산

　　대한 사람 대한으로 길이 보전하세

　대한민국 국가인 애국가 1절이다. 여기에 나오는 하느님은 누구일까. 바로 상제님이다. 배달 민족이 때때로 옥황상제님이라고 부르던 상제님이다. 바다에 빠진 심청이를 구해준 바로 그 상제님이다. 이는 대한제국의 애국가 가사를 보면 확실히 알 수 있다.

　　상제는 우리 황제를 도우사 성수무강하사

　　해옥주를 산같이 쌓으시고 위권이 환영에 떨치사

　　오 천만세에 복록이 일신케 하소서

　　상제는 우리 황제를 도우소서

　바로 '상제는 우리 황제를 도우소서'로부터 애국가의 가사 '하느님이 보우하사'가 비롯됐다. 앞에서 말한 바와 같이 천손의 신은 삼신이다. 즉 상제는 삼신상제인 것이다. 이미 앞에서 설명한 바와 같이 '환단고기'에는 천손의 영성문화까지 자세히 언급돼 있다. '환단고기'는 보통 역사책이 아닌 것이다.

　북한도 국가를 애국가라고 부른다. 그런데 놀랍게도 가사에 하늘, 하느님이 나오지 않는다. 저자는 이것이 북한이 천손임을 포기한 처사라고 본다. 따라서 북한, 조선민주주의인민공화국보다 남한, 대한민국에 천손의 나라 정통성이 있다고 단언할 수 있다. 따라서 천손의 국통맥을 잇기 위해서라도 반드시 남한이 북한을 흡수통일해야 한다. 이는 배달 민족 후손들의 성스러운 임무다.

예나 지금이나 전쟁에서 정신의 힘은 절대적이다. 국방 차원에서는 어떤 신무기보다 실제로 전쟁에 참여하는 장병들의 정신전력이 가장 중요하다. 장병들의 생각이 항상 천손의 나라 대한민국을 귀중하게 여기는 애국심으로 가득 차 있다면 국방은 완벽하게 이뤄진다.

장병들이 '연봉이 얼만데 내가 왜 이 나라를 위해 죽어야 하지?' 따지기 시작하면 그 군대는 전쟁에서 이길 수 없다. 생각해보라. 공군 조종사는 전쟁 발발 후 5분 안에 전사할 수도 있다. 목숨을 초개와 같이 버리는 일은 평소 천손의 나라 대한민국 국군이 '하늘의 군대'라는 신념을 가질 때 가능한 일이다.

미국 같은 다민족국가에서는 이등병이 순직해도 조총을 발사하고 관을 덮고 있던 국기를 접어 유가족에게 준다. 2차 대전에 참여한 베테랑들이 비행기에 타면 기장이 일일이 호명해 박수를 받게 만들기도 한다. 이제 대한민국도 '거저먹던' 애국 분야에 새로 다양한 투자를 해야 한다. 특히 군인이 유사시 나라를 지키기 위해 서슴없이 목숨을 바칠 수 있는 정신전력의 뿌리를 깊이 내리고 교육을 대폭 강화해야 한다.

그 해답을 고구려의 강이식 장군으로부터 찾을 수 있다. 강이식 장군은 유약한 영류왕에게, 책봉은 받더라도 책력은 받아오지 말 것을 여러 차례 상소했다. 나라가 힘이 약하면 외교적으로 책봉을 받을 수 있지만 천손인 우리가 하늘의 법칙인 책력을 받아 올 수는 없다 ─ 이런 소신이다. 영류왕이 상소를 받아들이지 않자 강이식 장군은 식음을 전폐하고 죽음을 택한다. 강 장군은 목숨을 바쳐 천손의 자존심을 지켰던 것이다.

바로 이것이다. 천손의 역사를 똑바로 교육해서 대한민국이 존귀하고 위엄 있는 나라, 유구한 역사와 문화를 간직한 나라, 목숨 바쳐 지켜야 할 가치가 있는 나라라는 사실을 평소 국군장병 가슴에 깊이 새겨야 한다. 이것이 대한민국 국군 정신교육의 교재가 돼야 한다. 실제로 저자는 이런 내용을 장군 모임에서 여러 차례 강의한 적 있다. 장군들은 깊은 관심을 가지고 많은 질문을 했다. 역시 강이식 장군의 후예들이었다.

다시 한번 강조하지만, 천손의 나라 대한민국 국군은 하늘의 군대다. '환단고기'의 '태백일사'를 보면 광개토태왕이 장병들과 함께 부루 단군이 만든 '어아가'를 즐겨 불렀다고 한다. '연개소문'이라는 TV 드라마를 보면 연개소문이 영류왕 앞에서 '어아가'를 부르는 장면도 나온다. 안경전의 '환단고기'에 따르면 어아가는 아래와 같이 해석되는데 여기서 대조신은 삼신상제를 말한다.

어아 어아!
우리 대조신의 크나큰 은덕을
배달의 아들딸 모두

백 년 천 년 영원히 잊지 못하리.

어아 어아!
선한 마음 큰 활 되고
악한 마음 과녁을 이루었네!
백백 천천 우리 모두 큰 활줄 같이 하나 되고,
착한 마음은 곧은 화살처럼 한 마음이 되리라.

어아 어아!
백백 천천 우리 모두 큰 활처럼 하나 되어
수많은 악의 과녁 꿰뚫어 버리리라.
끓어오르는 물 같은 착한 마음속에
한 덩이 눈 같은 것이 악한 마음이라.

어아 어아!
백백 천천 우리 모두 큰 활처럼 굳세게 한마음 되니,
배달나라의 영광이라네.
백 년 천 년 그 오랜 세월 큰 은덕이여!
우리 대조신이시네.
우리 대조신이시네.

K-Spirit

삼신과 칠성

　북두칠성은 시계 반대 방향으로 북극성을 하루에 한 번 돌고 있다. 어느 계절이든 밤새워 지켜보면 그림의 네 모양 중 셋은 볼 수 있다. 나머지 하나는 낮이어서 볼 수 없게 되는 것이다. 북두칠성은 글자 그대로 밝은 7개 별로 구성돼 있으며 현대 서양 별자리를 기준으로 하면 북쪽 하늘 큰곰, 라틴말로 Ursa Major 자리의 꼬리 부분이다. 즉 북두칠성은 독립된 별자리가 아니라 큰곰자리의

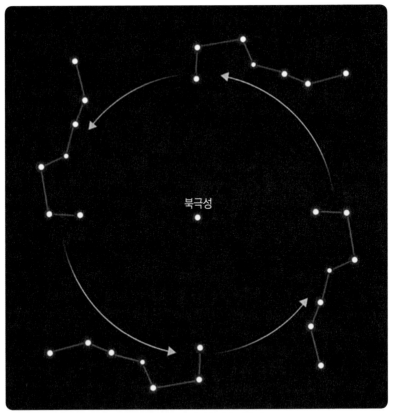

• 하루에 한 바퀴 시계 반대 방향으로 회전하는 북두칠성

일부라는 말이다. 북두칠성을 영어로는 국자를 뜻하는 Big Dipper라고 한다. 국자의 손잡이 반대편 끝의 두 별을 북쪽으로 연장해 나아가면 북극성과 만나게 된다. 이 두 별은 극을 가리킨다 해서 영어로는 the Pointers라고 적는다.

북두칠성 국자의 손잡이와 그릇 부분이 만나는 부분에 위치한 별, 즉 어느 끝에서 세어도 네 번째인 별 하나만 밝기가 어둡고 나머지 6개의 별은 밝다. 이는 나머지 6개의 별이 2등성인데 반해 네 번째 별만 3등성이기 때문이다. 참고로 북극성도 1등성이 아닌 2등성이다. 국자의 손잡이 끝에서 두 번째 별은 옆에 작은 별이 붙어있다.

민화에 따르면 한국인은 삼신 또는 삼신할미에게 점지받아 태어난다. 하지만 죽을 때는 칠성판을 깔고 저승으로 간다. 재래식

• 만 원 지폐 뒷면의 북두칠성

K-Spirit

장묘에서 관 바닥에 까는 것을 칠성판이라고 부른다. 이처럼 배달민족의 삶은 삼신과 칠성에 관계가 깊다. 천손 남자들의 독특한 상투는 하늘과 통하는 일종의 안테나라 할 수 있다. 개천절 행사에 참여하는 '칠선녀' 역시 북두칠성의 별을 하나씩 맡은 것이다.

• 칠선녀(강화군)

외국인들은 초현대식 빌딩을 짓고 나서 돼지머리를 놓고 고사를 지내는 한국인들을 이해하지 못할 것이다. 이것 역시 돼지머리의 구멍 7개가 북두칠성을 상징하기 때문이다. 즉 돼지머리가 등장하는 것은 제천행사라고 보면 된다. 부모 제사에 돼지머리를 놓지는 않는다. 이는 성경 속에서 양이 희생되는 것과 별반 다르지 않다. 그 행위 자체가 바람직하다 아니다 논하기에 앞서, 그것이 전통적으로 내려온 제천행사라는 점을 인식할 필요가 있다. 한국인은 하늘에 빌지 않고는 직성이 풀리지 않는 민족인 것이다.

'환단고기'의 '태백일사' 소도경전본훈에 따르면 인간에게는 영적 기운을 가진 3개의 혼과 7개의 백, 즉 넋이 있다. 삼혼과 칠백은 우리 몸에 깃들어 있는 음양의 두 영체라 볼 수 있다. 인간은 삼신과 칠성의 기운을 받아 삼혼과 칠백을 가진 존재다.

배달 민족의 가장 높은 가치는 영성에 있다. 한마디로 얼을 소중히 여기는 민족이라는 말이다. 그래서 그런지 국어에는 얼에서 비롯된 것이 많다. 얼이 익지 않은 '어린이', 얼이 익은 '어른', 얼이 드나드는 7개의 굴을 가진 '얼굴', 얼이 높으신 '어르신', 얼이 나간 '얼간이', 얼이 썩은 사람을 '어리석다' 같이 표현하는 것이다.

천제를 지내는 한국인

　순수한 한국어 '해'와 '달'을 생각해보자. 한 해, 두 해…… 하는 해가 바로 하늘의 해요, 한 달, 두 달…… 하는 달이 바로 하늘의 달이다. 즉 옛날 해가 땅을 한 바퀴 공전하는 시간이 한 해요, 달이 땅을 한 바퀴 공전하는 시간이 한 달인 것이다. 영어의 'the moon'과 'month'는 어원이 같지만 'the sun'과 'year'는 아무런 상관이 없다. 이런 사실로부터 '해'와 '달'이라는 한국어 이름이 얼마나 완벽한지 실감하게 된다…….

　동양에서는 해와 달의 크기가 같은 덕에 음과 양도 동등한 자격을 갖추게 됐다. 즉 음과 양은 어느 하나가 좋고 다른 하나는 나쁜 것이 아니라 서로 보완하는 관계에 있는 것이다. 하지만 서양의 경우는 다르다. 서양에서 낮은 신이, 밤은 악마가 지배한다는 통념이 자리를 잡았기 때문에 밤의 상징인 달은 자연스럽게 좋지 않은 이미지를 갖게 됐다.

• 보름달 표면

태곳적부터 형성된 이 동서양 간의 차이는 오늘날까지 영향을 주고 있다. 동양에서는 달이 밝으면 달맞이를 가는데 서양에서는 그것이 자살행위처럼 간주하고 있는 것이다. 특히 보름달은 서양인들에게 거의 공포의 상징과 같은 존재다. 예를 들어, 13일 금요일에 보름달까지 뜨게 되면 사람들이 외출을 달갑게 여기지 않을 정도다. 10월 말 핼러윈 역시 보름달과 겹쳐야 최고로 쳐주는 것이다. 서양의 이야기 속에서는 유령이 나타나거나 사람이 늑대로 변하는 것이 모두 보름날 밤에 이루어진다.

여기에 반해 동양에서는 보름달이 좋은 이미지를 간직하고 있다. 예를 들어, 처녀 귀신이나 도깨비는 달이 없는 그믐 무렵에나 활동하는 것이다. 최근에는 동서양의 개념이 마구 뒤섞여 보름달을 배경으로 악마의 상징인 늑대가 우는 광경이 동양 영화에도 나오게 됐다. 특히 배달 민족은 무던히도 달을 좋아해 달이 밝으면 강강술래까지 한다. 대한민국 남자들 로망 중의 하나가 달밤에 배

• 방아를 찧는 토끼

띄워놓고 친구들과 같이 술 먹는 것 아닌가.

달의 표면에서 검게 보이는 부분은 고도가 낮은 지역이다. 주로 현무암으로 이루어져 있는데 '바다'라고 불린다. 바다는 바다인데 물이 없는 바다인 셈이다. 한국인은 어려서부터 토끼가 달에서 방아를 찧는다는 이야기를 수없이 들어왔다. 바다들을 잘 연결하면 방아를 찧는 토끼를 발견하게 된다. 사진은 동산에 떠오르는 보름달의 모습이다. 토끼가 왼쪽에 앉아 있다는 사실을 잊지 말기 바란다.

옛 한국인들은 달에서 '토끼와 두꺼비'를 찾아냈다. 즉 절구 부분을 두꺼비로 간주했던 것이다. 특히 고구려는 우리 역사를 통해서 천손사상이 가장 강했던 시대였다. 통치자가 죽으면 해와 달을 그려 넣어 고분 안을 아예 우주로 만들었다. 해는 삼족오로, 달은 토끼와 두꺼비로 각각 그려 넣었다. 토끼 모양이 더 뚜렷한데 고구려 벽화 등을 보면 오히려 토끼를 무시하고 두꺼비만 그려놓은

• 달 표면의 토끼와 두꺼비

경우도 많다. 대한민국의 정부와 국회의 문양 중 하나라도 삼족오로 바꾸면 안 될까. 단군조선과 고구려의 강인한 기상을 되살린다는 의미로 말이다.

• 고구려 고분 벽화의 달 그림

삼족오란 다리가 세 개인 까마귀라는 뜻이다. 삼족오는 보통 까마귀가 아니고 해에 사는 태양신이다. 저자는 고구려 유물 속의 삼족오를 볼 때마다 감동한다. 곡선 하나하나가 너무 아름답다. 어떻게 저 모양을 금속으로 만들 수 있을까.

• 고구려 유물 속의 삼족오

K-Spirit

동양에서는 동·서·남·북 방향마다 7개씩의 별자리가 자리를 잡게 됐다. 모두 합치면 28개가 되는데 이를 이십팔수라고 하다. 그림의 중앙이 하늘의 북극, 즉 북극성이 있는 곳이다. 따라서 북극성과 유명한 북두칠성은 이십팔수에 속하지 않는다. 윷놀이 말판은 중앙점을 빼면 28개의 점으로 이뤄져 있다. 즉 윷놀이는 이십팔수와 깊은 관계가 있다고 추리할 수 있다.

동방칠수는 청룡, 서방칠수는 백호, 남방칠수는 주작, 북방칠수는 현무 그림에 배치돼 있다. 그림에서 왼쪽이 청룡, 오른쪽이 백호, 위쪽이 현무, 아래쪽이 주작임에 유의하자. 즉 지도의 동서남

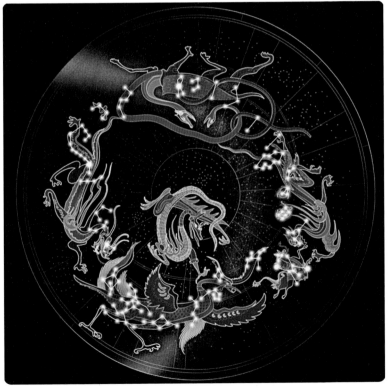

• 사신도(양홍진 제공)

북과 비교하면 동서가 바뀌어 있는 것처럼 보이는데 이는 누워서 올려다보는 하늘을 그렸기 때문이다.

주의할 사항은 예를 들어 동방칠수가 항상 동쪽에 있는 별자리들을 의미하는 것은 아니라는 점이다. 동쪽 하늘에 있던 별자리도 시간이 지나면 남쪽 하늘 높이 떠올랐다가 결국 서쪽으로 지기 때문이다. 동방칠수는 여름, 북방칠수는 가을, 서방칠수는 겨울, 남방칠수는 봄 밤에 보이는 별자리들이다.

이미 앞에서 알아본 바와 같이 고구려시대에는 임금이 죽으면 고분 안을 우주로 만들었다. 고분 높이 해와 달, 즉 삼족오와 토끼·두꺼비가 자리를 잡고 동서남북 벽에는 각각 청룡·백호·주작·현무, 즉 사신도가 자리를 잡았다. 왜 사신도일까? 이는 물론 사신도가 이십팔수이기 때문이다.

대한민국 강원도 태백시에서는 지방자치단체 행사로서 매년 천제를 지낸다. 천제 행사 장면을 보면 가장 높은 깃발 3개가 눈에

• 강원도 태백시의 천제 광경

K-Spirit

띤다. 오른쪽 빨간 깃발은 해를 상징하는 것으로 삼족오가 그려져 있다. 왼쪽 노란 깃발은 달을 상징하는 것으로 토끼가 그려져 있다. 반 정도 가려진 가운데 노란 깃발에는 이십팔수에 포함되지 않는 북두칠성이 그려져 있다. 주위를 둘러싸고 있는 이십팔수 깃발들은 고구려 고분 내부와 마찬가지로 동서남북 각 방향 사신도에 따라 배치돼 있다.

천손의 인생

"환웅이 풍백·우사·운사 세 신하와 3천 명의 천손을 거느리고 태백산 신단수 아래로 내려왔으니 이것이 개천이다. 호랑이 부족과 곰 부족 같은 지손은 환웅에게 천손이 되고 싶다고 간청했다. 환웅이 쑥·마늘을 먹으며 수양할 것을 요구하자 호랑이 부족은 포기하고 만다. 하지만 곰 부족은 이를 완수해 여왕이 환웅의 아내가 되는 영광을 누린다……."

'환단고기'에 담긴 개천의 모습을 다시 한번 음미하자. 천손이 지손을 교화하는 장면으로부터 배달 민족의 선민사상을 느낄 수 있다. 이것이 세상을 널리 이롭게 한다는 환웅배달의 개국이념 홍익이다. 이 선민사상은 한국인의 인생에 관한 질문의 정답을 명쾌하게 제공한다.

- ☯ 한국인은 누구인가? 정답 : 천손
- ☯ 대한민국은 어떻게 태어났나? 정답 : 개천
- ☯ 한국인은 어떻게 살아야 하는가? 정답 : 홍익

유대 민족은 나라를 잃고 무려 2천 년을 떠돌았지만 시오니즘 같은 선민사상을 바탕으로 '약속의 땅'에 이스라엘을 건국했다. 보통 민족이라면 백 년만 떠돌아도 나라를 완전히 잃을 것이다. 새삼 유대민족 선민사상의 위엄을 실감하게 된다. 유대 민족의 선

K-Spirit

민사상은 '구약성경'에 뿌리를 두고 있다. 즉 '구약성경'은 유대 민족의 자랑스러운 역사책일 뿐이다.

유대 민족에게 '구약성경'이 있다면 배달 민족에게는 '환단고기' 같은 역사책이 있다. 배달 민족의 선민사상은 유대 민족의 선민사상 못지않게 훌륭하다. 그런데 시오니즘은 오직 유대 민족의 생존과 번영을 위한 것이라고 해도 과언은 아니다. 반면 배달 민족의 선민사상은 홍익을 전제로 하고 있어 처음부터 글로벌 성격을 지니고 있다. 배달 민족만 잘살자는 선민사상이 아니다. 천손사상은 배달 민족이 상대적으로 다른 민족보다 훌륭하다는 주장도 아닌 것이다.

종교가 없는 저자 입장에서 보면, 적어도 앞으로 수십 년간 대한민국에는 국교가 없을 것처럼 보인다. 왜냐하면 대한민국은 다양한 종교로 '황금분할'돼 있기 때문이다. 세상 어느 나라가 대한민국처럼 국장을 치를 때 네댓 번이나 종교의식을 하는가. 따라서 대한민국의 국혼은 종교가 아닌 사상에서 찾을 수밖에 없다.

사상 중에서 국혼의 격을 갖춘 것은 천손사상, 개천사상, 홍익사상이고 이 세 가지는 같은 것이다. 여기서 사상과 종교를 혼돈하면 안 된다. 교회, 도장, 사원, 성당, 절…… 어디를 다니든, 종교가 없든, 대한민국 국민이라면 개천사상, 천손사상, 홍익사상을 공부해야 하는 것이다. 국교가 없으면 사상이라도 국민을 하나로 묶는 국혼, 즉 민족정신이 돼야 하지 않겠는가.

최근 세계화의 물결 속에 민족정신이 더욱 흐려지고 있다. 대한민국이 다민족국가로 변해가는 과정에 있어 민족정신을 거론하기가 점점 더 어색해지고 있다는 느낌이다. 하지만 대한민국이 합중국인가? 평화를 사랑하면 전쟁을 준비하라는 말처럼 세계화를 추진하려면 먼저 대한민국의 정체성을 분명히 해야 한다. 민족정신이 흔들리면 세계화는 의미가 없다. 김치가 냄새가 나면 외국인들 앞에서 안 먹는 것이 아니라 외국인들을 모두 먹게 만드는 것이 세계화의 방향이라야 한다.

해외동포들은 다른 민족과 부딪히며 살기 때문에 민족정신이 얼마나 소중한지 항상 느끼며 산다. 자기가 한국인 혈통이라고 밝히는 순간 받는 대접에 익숙한 그들은 민족의 위상이 올라가기만을 학수고대하며 살고 있다. 민족정신은 1억 명에 이르는 배달 민족이 지구촌에서 생존하는 최소요건인 것이다. 정체성을 잃고 세계화의 물결에 휩쓸리면 한국인은 유랑민족으로 전락하고 말 것이다.

민족을 혈통의 개념으로 이해하는 시대는 지나가고 있지만 대한민국은 여전히 한국어가 국어인 배달 민족의 나라다. 로마에 가면 로마법을 따라야 한다. 다문화 국민은 배달민족의 언어와 역사와 민족정신을 받아들여 자랑스러운 대한민국의 일원이 돼야 한다.

이미 앞에서 살펴본 바와 같이 배달민족의 민족정신은 처음부터 배타적이지 않았다. 천손이란 하늘의 뜻에 따라 살아가는 사람들이다. 그런데 하늘의 뜻을 알아야 따를 것 아닌가? 하늘의 뜻을 따르려면 천손은 공부를 해야 한다. 즉 천손이란 하늘의 섭리를 공부하고 실천하려는 정신을 가진 민족을 말한다.

천손사상은 한국인이 하늘을 공부하며 절대적으로 추구하는 민족정신이다. 그래서 보통 사람들 보다 더 하늘의 섭리를 연구하고 실천에 옮기려고 노력하는 사람을 한국인은 선비라고 부르며 추앙했다. 천벌을 두려워하며 의로운 삶을 추구하다 보니 가난한 선비가 자연스럽게 배달 민족의 영원한 스타로 자리를 잡았다.

종교에서 성직자들이 공부해 신도들에게 설명하는 것과 마찬가지로 선비들은 자기가 깨달은 하늘의 섭리를 보통 사람들에게 전달할 의무가 있다. 선비의 본분은 누가 뭐라 해도 공부하는 일이다. 인간은 공부함으로써 더욱 귀하고 소중한 존재가 된다. 하늘의 섭리를 조금이라도 더 깨달으려고 노력하고 고뇌하는 모습 자체가 아름다운 것이다.

천문학자인 저자의 전공은 블랙홀 천체물리학인데 공부하면서 항상 능력의 한계를 느낀다. 하지만 고통 끝에 모르는 것을 새로 알게 되면 그 즐거움이란 말로 표현하기가 힘들다. 선비는 자기가 깨달은 진리를 다른 사람들이 이해 못해 괴로워하는 것을 보면, 그 고통을 잘 이해하기 때문에 쉽게 가르쳐주고 싶어진다.

자기가 이해하지 못하는 것을 알고 있는 다른 사람을 인종, 성별, 종교를 떠나 존경하게 된다. 그리하여 몸가짐을 더욱 조심하게 되고 겸손이 몸에 배게 된다. 그러므로 선비다운 생활을 하다 보면 자연스럽게 좋은 사람들을 만나게 된다. 선비는 선비를 알아보는 것이다. 이것이 바로 선비가 누릴 수 있는 인생이다.

대한민국 대통령 중에서 천문관측 뉴스를 남긴 사람은 이명박 대통령이다. 이 대통령은 각료들과 함께 2009년 7월 22일 부분일식을 관측했다. 국립중앙박물관에서 열린 회의 도중 모두 밖으로 나왔던 것이다. 당시 한국천문연구원 원장을 맡고 있던 저자는 무척 기뻤다. 혹시 몰라서 청와대 과학기술비서관에게 일식 관측 도구 수십 장을 맡겼던 작전이 적중했던 것이다.

 한반도에서 달이 해를 완전히 가리는 개기일식은 2035년 9월 2일이나 돼야 일어난다. 문제는 평양에서 원산을 연결하는 고속도로 지역에서만 완벽한 개기일식을 볼 수 있다는 사실이다. 통일된 우리나라의 대통령은 그 일식을 볼 수 있으리라.

• 일식을 관측하는 이명박 대통령(청와대 사진기자단)

동학혁명과 개벽

이미 앞에서 알아본 바와 같이 동학혁명도 천손 우주관에 기초를 두고 있다. 동학을 창도한 최제우는 1824년에 태어났다. 그는 20세가 되기 전 부모를 여의고 이후 보부상을 하며 전국을 돌아다녔다. 당시 중국 땅에서는 막강한 청나라가 아편전쟁에서 패하고 태평천국운동이 일어났다. 조선도 마찬가지로 먼저 개화한 일본과 서양 세력들이 몰려 들어오고 괴질이 창궐하는 가운데 탐관오리의 학정을 받은 백성은 도탄에 빠졌다.

개벽의 시기가 다가옴을 깨달은 최제우는 경주 용담정에서 수행에 정진하던 중 천상문답사건을 맞이한다. 동학의 경전 '동경대전'은 1860년 음력 4월 5일 최제우가 상제를 만났다고 증언한다. 예를 들어 '동경대전'에서는 상제가 "두려워 말고 겁내지 마라. 세상 사람들이 나를 상제라고 이르나니 너는 상제를 알지 못하느냐" 외친 후 아래와 같은 시천주 주문을 내렸다고 한다.

"시천주조화정 영세불망만사지"

천주님을 모시고 조화를 정하니 만사지하는 은혜를 영세토록 잊지 못하겠나이다 ― 삼신상제의 동방 땅 강세 소식이었다. 최제우는 겨우 3년 정도 포교를 하고 효수됐지만 동학은 호남지방을 중심으로 들불처럼 퍼져 나아갔다.

동학의 중심은 시천주 주문 수행이었다. 하지만 이후 2대 교주

최시형, 3대 교수 손병희를 거치며 '인내천', 즉 '사람이 하늘이다' 같이 바뀐다. 아직도 많은 한국인이 동학을 인내천 사상으로 잘못 알고 있다. 그리고 동학은 종교가 아니라 삼신상제의 무극대도다.

동학의 또 다른 경전 '용담유사'에는 '무극대도 닦아내니 오만 년지 운수로다' 구절이 있다. 이는 선천개벽 이후 5만 년의 세월 이 흘렀고 다시 후천개벽을 맞아 5만 년 세상이 펼쳐진다는 뜻이 다. 아울러 '십이제국 괴질운수 다시 개벽 아닐런가' 구절은 춘생 추살의 후천개벽이 다가왔다는 뜻이다. 이처럼 천손 우주관을 모 르면 동학혁명은 도저히 이해할 수가 없다.

일본이 청일전쟁과 러일전쟁에서 승리하면서 조선을 강점했으 니 1910년의 일이다. 일제강점기는 1945년까지 35년간 이어지 며 대한민국의 1만 년 역사에 옥에 티처럼 오점을 남겼다. 일제강

• 최제우

점기 동안 동학에 기반을 둔 600만 민족종교 신자들이 시천주 주문을 외치며 일제에 저항했다. 이들은 물산장려운동 등 민족운동을 지원했고 상해임시정부의 독립운동 군자금을 제공하는 등 민족적 저항을 주도했다.

불교와 기독교 같은 전래종교들이 일제의 창씨개명, 신사참배 강요에 굴복할 때 보천교 같은 민족종교들은 끝까지 거부했다. 천손의 후예로서, 하늘을 따르는 선비로서 도저히 용납할 수 없는 일이기 때문이었다. 그 결과 민족종교들은 일제에 의해 '사이비종교', '유사종교' 등의 누명을 쓰고 악랄한 탄압을 받아 엄청난 희생을 치렀다. 대한민국이 광복한 지 80년이 지나도록 그 여파가 남아 있다는 사실에 경악을 금치 못한다.

대한민국 국민 일부는 개천, 개벽 이런 말만 나오면 그것이 바로 대한민국의 역사이자 문화라는 사실을 망각하고 무조건 미신, 무당으로 몰아간다. 이런 사람들은 대체로 서양 것은 과학적이고 옳지만 동양 것은 비과학적이고 그르다 믿는다. 이런 편견은 막연한 서양 사대주의를 낳고 그 결과 모든 분야에 악영향을 미친다.

어떤 사람들은 '세계화시대 무슨 민족타령이냐' 같이 함부로 말한다. 이중에는 해외동포도 아니면서 말할 때마다 영어를 섞으며 백인 흉내 내는 사람도 적지 않다. 이 얼마나 얼빠진 짓인가. 이런 사람들이 많아지면 1만 년 역사를 자랑하는 대한민국이 구태여 독립을 유지할 필요성도 없어진다. 미국의 51번째 주가 되면 오히려 더 좋다, 남북통일을 뭐하러 하느냐…… 이런 생각들이 독버섯처럼 자라면 대한민국은 자멸의 길을 걷게 될 것이다.

민족정신이 얼마나 중요한지는 해외동포들에게 물어보라. 그들은 다른 민족과 부딪히며 살기 때문에 민족정신이 얼마나 소중한지 항상 느끼며 산다. 자기가 한국인 혈통이라고 밝히는 순간 받는 대접에 익숙한 그들은 민족의 위상이 올라가기만을 학수고대하며 살고 있다. 민족정신은 1억 명에 이르는 배달 민족이 지구촌에서 생존하는 최소요건인 것이다.

삼성조시대부터 하늘을 기록한 배달 민족의 천문대가 일제강점기 접어들면서 사라졌다. 천손의 나라에서 천문대 조직이 처음으로 소멸된 것이다. 그리고 해방 후 30년이 지난 1974년이 돼서야 박정희 대통령의 영단에 의해 과학기술처 국립천문대가 발족됐다. 무려 70년에 가까운 공백 끝에 우리나라 천문대의 맥이 다시 이어진 것이다.

메이지 일왕이 1888년에 발족시킨 일본국립천문대를 생각하면 정말 속상하다. 우리나라와 일본의 근대천문학 역사가 100년 가까이 차이가 나다니……. 일본에 천문학을 처음 전수한 사람이 백제의 관륵이었다는 사실을 생각하면 더욱 그렇다. 국립천문대는 우여곡절 끝에 현재 한국천문연구원이 됐다.

천손의 영성문화

앞서 삼신이란 만물을 낳는 '조화신', 만물을 기르고 깨우치는 '교화신', 만물의 질서를 잡는 '치화신', 이렇게 셋을 의미한다고 했다. 인간의 내면에도 세 가지 참된 성령이 있어야 하는데 그것을 삼진이라고 한다. 즉 사람 속에 조화신이 들어와 성품이 되고, 교화신이 들어와 목숨이 되고, 치화신이 들어와 정기가 된다는 것이다.

천손은 삼진이 삼신과 닮아야 한다고 믿는다. '환단고기'의 '단군세기' 서문을 보면 인간의 몸은 삼신의 화신이라는 구절이 있다. 인간은 자기 몸속에 깃들어 있는 삼진을 수련함으로써 무병장수를 누릴 수 있다 ― 이것이 인간과 명상수행에 대한 천손의 깨달음이다. 태곳적부터 배달 민족은 천지부모 대자연과 한마음이 되는 명상수행을 생활화했다.

단군조선의 11대 도해 단군이 선포한 '염표문'에는 이런 개념이 잘 정리돼 있다. '환단고기'에 전하는 염표문은 총 65자로 흔히 인용되는 '재세이화'와 '홍익인간'이 포함돼 있다. 안경전의 '환단고기'에 따르면 아래처럼 해석된다.

하늘은 아득하고 고요함으로 광대하니
하늘의 도는 두루 미치어 원만하고
그 하는 일은 쉼 없이 길러 만물을 하나 되게 함이니라

땅은 하늘의 기운을 모아서 성대하니
땅의 도는 하늘의 도를 본받아 원만하고
그 하는 일은 쉼 없이 길러 만물을 하나 되게 함이니라

사람은 지혜와 능력이 있어 위대하니
사람의 도는 천지의 도를 선택해 원만하고
그 하는 일은 서로 협력해 태일의 세계를 만드는 데 있느니라.

그러므로 삼신께서 참마음을 내려주셔서
사람의 성품은 삼신의 대광명에 통해 있으니
삼신의 가르침으로 세상을 다스리고 깨우쳐 인간을 널리 이롭게 하라.

동방의 천자는 '염표문'에서 보듯이 삼신상제의 대광명과 하나가 된 빛의 인간, 대광명의 신선이었다. 천손의 조상들은 천자부터 백성까지 주문수행을 통해 광명을 체험하고 무병장수의 삶을 누렸다. 수행을 통해 충만한 생명력을 키우고 자기 속의 무궁한 신성과 영성을 회복해 광명한 빛의 사람으로 바꾸는 것이다. 대부분 환웅들의 수명이 상당히 길었다는 사실이 이를 증명해주고 남는다.

놀랍게도 홍산문명 유적 중 반가부좌를 하고 수행하는 여신상이 출토됐다. 또한 두 손을 모으고 마치 주문을 외우듯 입을 오므리고 있는 남신상도 나왔다. 무려 약 5천 년 전, 환웅배달 시대에

• 반가부좌라고 수행하는 여신상   • 주문을 외우는 남신상

도 천손은 수행을 했던 것이다! 기독교, 불교, 이슬람교 같은 전래 종교들은 당연히 천손의 문화와 관련이 없다. 하지만 대부분 보천교의 후신인 민족종교들 중에는 이 태곳적부터 내려온 천손의 수행법을 이어 나아가는 곳도 있다.

대한민국의 역사를 통해 천손의 영성문화를 체득한, 삼신의 신성을 지닌 인간을 삼랑이라 불렀다. 이 삼랑의 맥은 환웅배달의 삼랑, 단군조선의 국자랑, 북부여의 천왕랑, 고구려의 조의선인, 신라의 화랑, 고려의 국선, 조선의 선비로 이어져 내려왔다. 삼랑이 연마한 학문, 예술, 무술 등에는 반드시 삼신, 천·지·인이 담겨 있었다. 각 분야에 종사하는 후손들이 그런 사실을 인지하고 있다면 천만다행이다.

저자가 이사장으로 있는 사단법인 대한사랑은 정치, 종교, 지연, 학연, 혈연, 빈부…… 등과 연관이 없는 천손 단체다. 한마디로 선비들의 모임이다. 대한사랑의 '사랑'은 '역사의 화랑' 같은 뜻이다. 회원들은 '우리가 대한민국의 화랑이다' 같은 자부심을 가지고 있다.

대한사랑은 영어로 Daehan History and Culture Association이다. 즉 K-History를 기본으로 K-Culture, 즉 K-Cosmos, K-Spirit, K-Art…… 등 여러 분야를 바로잡고 홍보하는 순수한 시민단체다. 이름만 봐도 대한사랑은 바로 이 책의 내용 K-History, K-Cosmos, K-Spirit에 가장 최적화돼 있는 모임이라는 사실을 깨닫게 된다.

대한사랑은 '환단고기'를 알리기 위해 2012년부터 꾸준히 '환단고기 북 콘서트'를 주최하고 있다. 대한민국은 물론 독일, 러시아, 미국, 인도, 일본, 카자흐스탄 등 다른 나라에서도 동포들의 협조를 얻어 성대히 행사를 마쳤다.

• '환단고기' 북 콘서트

'환단고기 북 콘서트' 러시아 편을 보고 저자는 충격을 받았다. '러시아는 환국의 시원' 같은 말을 듣는 순간 러시아라는 이름에서 늘 느껴왔던 거리감이 사라지고 갑자기 친근감이 생겼다. 즉 터키, 카자흐스탄, 러시아, 몽골, 대한민국, 일본에 이르는 알타이 라인이 머리에 떠오른 것이다. 이것이 역사적으로 가장 자연스러운 실크로드 아니겠는가. 옛날 환국을 공유했다는 공감대가 뒷받침하면 알타이 실크로드가 50년, 100년 뒤라도 가능할 것처럼 느껴졌다.

지난 2002년 월드컵 3·4위 전에서 터키가 계속 '형제의 나라'라고 부르자 역사를 제대로 배우지 못한 대한민국 중계진의 모습이 떠오른다. '왜 자꾸 끈적끈적하게……' 하며 뻘쭘해 하던 모습이. 카자흐스탄은 단군 동전까지 만들었는데……. 대한민국이 들어갈 수 있는, 유럽의 NATO 같은 블록이 없다는 점을 고려하면 국익과 관련해서 봐도 중요한 일이다. 언젠가는 알타이 블록, 유라시아 블록도 가능하지 않을까.

알타이 실크로드가 가능성이 있든 말든, 이런 상상이 가능한 것은 환국의 역사가 뒷받침하기 때문이다. 따라서 대한민국 정치가들이 역사를 모르면 상상하는 일조차 불가능해진다. 이 책의 내용조차 모르는 대한민국 정치가들이 여야를 막론하고 부지기수일 것이다. 국호 대한민국, 국기 태극기, 국가 애국가도 모르는 정치인, 공무원, 군인……, 생각만 해도 끔찍한 일이다.

대한사랑은 1만 년 동안 이어오다가 단절된 개천축제를 부활시키기 위해 2019년 개천문화국민대축제를 주최했다. 행사장이었던 서울 올림픽공원 올림픽홀에 약 5천 명의 회원이 운집해 장관을 이뤘다. 이후 코로나 정국에 접어들어 세계개천문화대축제로 전환해 행사를 이어가고 있다.

대한사랑은 전국에 지부를 설치하고 카페를 운영하며 대한민국 국민들과 소통하기에 최선을 다하고 있다. K-History, K-Cos-mos, K-Spirit을 널리 알려 안으로는 대한민국 국민을 계몽하고 밖으로는 지구촌 구석구석 한류를 퍼트리기 위해서다. 한류의 원형은 바로 천손의 풍류다. 신교의 제천문화에서 아버지 하늘, 어머니 땅과 소통하는 방법으로 춤과 노래 같은 예악이 발전했던 것이다.

저자는 적어도 이 책 내용 정도는 잘 아는 선비 같은 사람들이 대한민국을 다스리기를 바란다. 현 정치인들은 여야를 막론하고 대한민국을 운영할 경륜이 없어 보인다. 그 폐해란 이루 말할 수 없다. 계속 이대로 가면 대한사랑이 꿈꾸는 위대한 대한민국, Great Korea 시대는 절대로 오지 않을 것이다.

• 2019년 개천문화국민대축제 광경

상생월드센터 건립

  천손의 후손들이 가장 잘못하는 것 중 하나가 천손 기념관이 없다는 사실이다. 전국 어디에도 대한민국 역사의 여명기를 보여주는 기념관이 없다. 천안에 가면 1945년 일본으로부터 독립한 것을 기념하는 독립기념관은 크게 지어놓았다. 하지만 1만 년 역사를 가진 나라가 경건하고 성스러운 장소 하나 없다. 저자는 이런 사실이 창피스럽다. 이것 역시 대한민국을 다스릴 경륜이 없는 정치인들이 판치기 때문이다.

  저자가 아는 한 현재 건설 중인 건물 중에서 천손 기념관과 취지가 같은 것은 보천교의 후신 증산도에서 건립하는 상생월드센터밖에 없다. 정부가 나서서 대한민국 천손 기념관을 세우지 않으니까 상생월드센터가 그 역할을 할 수밖에 없다. 저자와 대한사랑

상생월드센터 조감도

회원들은 적극적으로 상생월드센터 후원에 나섰다. 만일 전래종교나 애국단체가 버금가는 천손 기념관을 짓는다면 저자는 주저 없이 헌금할 것이다.

증산도에서는 2022년 6월 열린 상생월드센터 착공식에서 거대한 천제를 열었다. 대한민국의 천손 기념관 착공에 어울리는 천제였다. 한마디로 천제 문화를 제대로 복원한 사건 현장, 그 자체였다. 아마 순수한 천제로서는 1만 년 대한민국 역사상 최대 규모가 아니었을까. 북두칠성, 남두육성, 삼태성을 용봉과 함께 수놓은 초요기가 천손 문화의 전통을 지켜줬다.

현재 충청남도 논산시 상월면에 건설되고 있는 상생월드센터 건립지는 풍수지리적으로 명당 중의 명당이다. 또한 천도의 북극성 위치에 있어 풍수

• 초요기

• 증산도 천제 전경

천문적 명당이기도 하다. 주위에 계룡산에서 발원해 북동 방향으로부터 남서 방향으로 흐르는 하천이 있다.

이 하천을 은하수로 보면 상생월드센터 건립지 주변은 대한민국 여름과 가을, 즉 하추기 밤하늘과 일치하게 된다. 만일 하천이 중간에 휘었거나 흐르는 방향이 조금만 달랐어도 이런 주장을 할 수는 없다. 이러한 '풍수천문' 이야기는 부록 1에서 많은 그림과 함께 자세히 설명했으니 참고하기를 바란다.

상생월드센터는 자연스럽게 세계 상생 문화의 중심지가 될 것이다. 나아가 K-Do 순례지가 될 것이다. 몇 년 후 맞이할 준공식은 지구촌 여기저기에서 몰려든 외국인들로 북적이지 않을까. 그렇다면 그 자리에서 세계적인 상생월드센터 주제가가 연주돼야 하지 않을까. 이런 생각을 하다 보니 풍수천문 이야기를 가지고 일단 주제가 가사를 만들고 싶었다. 그러던 중 어느 날 새벽 영감이 떠올라 가사를 단숨에 써 내려갔다.

상생월드센터

상생월드센터 어머님의 땅
산태극 계룡산 품속
하추기 오면은 직녀성 빛나네
어머님 옷고름이 그리워

상생월드센터 아버님의 꿈
수태극 금강 품속
오작교 건너면 견우성 빛나네
아버님 옷자락이 그리워

상생월드센터 상제님의 뜻
오성취루 축복한 하늘
사시사철 언제나 북극성 빛나네
상제님 발자국이 그리워

천하 명당 중의 명당
상생월드센터

증산도 발행 월간지 '개벽' 2022년 10월호 104~110페이지에 게재된 저자의 기고문이다. 천문학자인 저자도 풍수지리라는 말만 들어봤지 풍수천문이라는 말은 아직 못 들어봤다. 하지만 그런 것이 있기는 있는 것 같다. 저자가 상생월드센터 건립지가 풍수천문 관점에서 '북극성의 땅'이라고 확신하게 된 이유를 조목조목 밝혔다.

서론

참새가 봉황의 뜻을 어찌 알까 — 우리 속담 중 하나다. 세상을 살다 보면 말도 안 되는 일들을 많이 목격하게 되는데, 그중 하나가 '참새'가 '봉황'을 평가하려 드는 것이다. 필자가 이사장으로 있는 사단법인 대한사랑의 가장 큰 지원단체는 민족종교 증산도다. 그리하여 신도가 아닌 필자도 자연스럽게 증산도에 대해 이것저것 알게 됐는데, 위 속담이 딱 어울리는 상황이 하나 있다.

안경전 종도사를 비롯한 증산도 지도자들은 당장 신도 수를 늘리기 위해 종교계에서 흔히 하는 일들, 예를 들어 중·고등학교 설립 같은 일에 전혀 연연하지 않았다. 그런 일에 매진했더라면 증산도의 교세는 틀림없이 지금보다 훨씬 더 커졌겠지만, 증산도 지도자들은 항상 '큰 그림'을 그려왔다. 대일항쟁기 신사참배를 끝까지 거부해 박해받았던 민족종교 입장에서, 무엇보다도 먼저 식민사학을 바로잡아 민족의 한을 푸는 일에 주력했다. 그리하여 각고의 노력 끝에 '환단고기' 역주본을 세상에 내놓을 수 있었다.

그러자 '종교가 역사를 바로잡는 일에 나서면 안 된다' 비난하는 '참새'들이 여기저기 등장했다. 언뜻 들으면 맞는 말 같아 더 우려된다. '참새'가 전혀 악의가 없는 경우라 하더라도, '종교가 포교를 위해 역사를 이용한다' 같이 해석될 여지가 있기 때문이다. 증산도는 '증산도의 환단고기'가 아니라 '대한민국의 환단고기'를 세상에 내놓은 것이다. '참새'들은 앞으로 '민족종교는 전래 종교와 달리 우리 역사를 바로잡을 의무가 있다' 식으로 말을 정정하기 바란다.

'참새'들은 아마 증산도가 상생방송을 설립한 '큰 그림'도 이해할 수 없을 것이다. 교세가 큰 불교나 기독교 계통이 아닌 종교가 방송국을 운영하는 경우가 있는가. 상생방송은 '한문화 중심 채널'을 외치며 종교와 무관한 내용도 절반 가까이 송출하고 있다. 어느 종교 방송이 그렇게 하고 있는가? 상생방송은 수백 개의 TV 채널 중 유일하게 항상 무궁화를 볼 수 있는 곳이다. 필자는 증산도 지도자들을 국민의 한 사람으로서 깊이 존경한다. 다른 종교 지도자들도 대한민국을 위한 일에 더 적극적으로 참여할 수 있기를 진심으로 기원한다.

증산도에서 상생월드센터를 세우는 일은 '큰 그림'의 완결판이라 할 수 있다. 증산도는 대일항쟁기 인구가 2천만이던 시절, 공식기록으로 무려 6백만에 이르는 신도를 가졌던 보천교의 후신이다. 가족까지 고려하면 당시 국민 대다수가 보천교의 영향권 아래 있었다고 해도 과언이 아니다. 보천교를 비롯한 민족종교들이 전래종교들과 달리 당당하게 맞서자 일제는 '사이비 종교'라는 굴레를 씌웠다. 일제의 무지막지한 탄압을 이겨내고 광복을 맞이한 보천교의 후신 증산도를 일부 국민은 아직도 '사이비'라 여기고 있다. 하늘 아래 '증산도의 한'만큼 기막힌 일이 또 있겠는가.

필자는 상생월드센터가 현대판 십일전이라고 생각한다. 십일전은 대일항쟁기 정읍에 있었던 보천교 본부 건물로서 〈그림 1〉에서 보는 바와 같이 웅장한 모습이었다. 일제의 잔악한 탄압으로 헐리면서 대들보는 서울 조계사 대웅전 대들보가 됐다. 이 '십일전의 한'이 바로 '증산도의 한'이자 '민족의 한'이다. 상생월드센터 건립은 이 한들을 한꺼번에 치유하는 대업이 아닌가!

• 〈그림 1〉 보천교 십일전

본론

상생월드센터를 세우는 일은 증산도 지도자들의 '큰 그림' 완결판이다. 현재 충청남도 논산시 상월면에 추진되고 있는데 상생월드센터, 즉 상월센터가 상월면에 세워지는 것 자체가 정말 신기한 일이다. 이명수 국회의원 말마따나 하늘이 점지한 곳인가. 필자는 약 2년 전 상생월드센터 건립 이야기를 어깨너머로 듣고 지도 〈그림 2〉를 살펴보며 두 번 놀랐다. 속설에 풍수지리 최고의 명당이 여성 자궁 모양이라고 하더니…… 정말 놀랍지 않은가! 상생월드센터 건립지가 풍수지리적 명당이라는 주장은 누군가 다시 소상히 밝혀줄 것으로 믿는다.

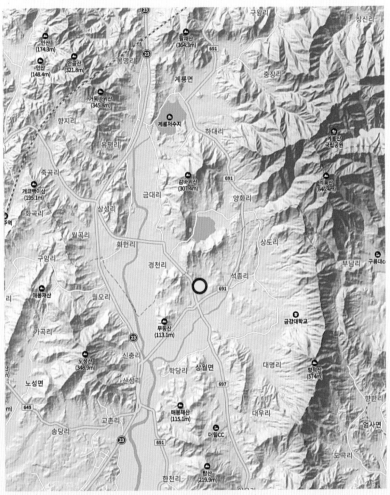

• 〈그림 2〉 상생월드센터 건립지 주변 지도(네이버)

　나는 〈그림 2〉를 확대한 〈그림 3〉을 보고 두 번째로 놀랐다. 여기서 별이 있는 곳이 바로 상생월드센터 건립지다. 하천이 계룡산에서 발원해 북동 방향으로부터 남서 방향으로 흐른다. 이 하천을 은하수로 보면 〈그림 3〉의 빨간 원 내부는 우리나라 여름과 가을, 즉 하추기 밤하늘과 일치하게 된다! 만일 하천이 중간에 휘었거나 흐르는 방향이 조금만 달랐어도 이런 주장을 할 수는 없다.

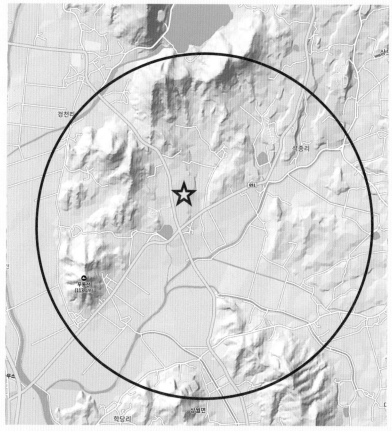

• 〈그림 3〉 지도 〈그림 2〉를 확대한 모습

하추기 밤하늘에 대해 더 알아보자. 〈그림 4〉는 10월 1일 21시의 천도인데, 별들은 보름이 지나면 1시간 일찍 뜨기 때문에 9월 15일 22시, 9월 1일 23시, 8월 15일 0시, 8월 1일 1시 천도라고 해도 틀리지 않는다. 이는 지구가 해를 공전하기 때문에 일어나는 현상이다. 즉 지구가 자전하기 때문에 별자리들이 매일 떴다 지고, 지구가 공전하기 때문에 별자리들이 계절에 따라 달라지는 것이다.

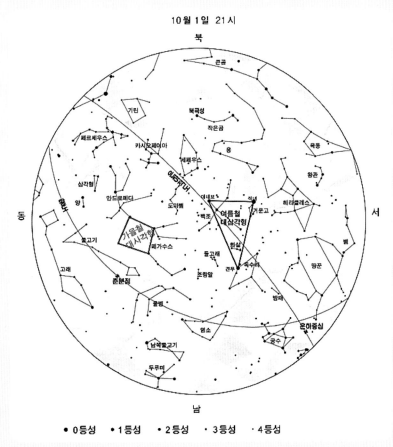

• 〈그림 4〉 하추기 천도

천도의 동서남북 방향은 지도의 동서남북 방향과 다르다. 〈그림 4〉 천도에서도 동서 방향이 지도와 반대라는 사실을 알 수 있는데, 이는 우리가 하늘을 올려다보고 땅을 내려다보기 때문이다.

머리를 북쪽, 다리를 남쪽으로 향하고 누워 하늘을 올려다보면 당연히 왼쪽이 동쪽, 오른쪽이 서쪽이 되지 않는가. 따라서 천도를 지도와 포개보려면 동서 방향을 바꿔야 한다.

• 〈그림 5〉 동서 방향을 뒤집은 하추기 천도

〈그림 5〉는 〈그림 4〉의 동서 방향을 뒤집은 하추기 천도다. 글씨까지 모두 뒤집혀 있는 이것을 〈그림 3〉과 포개놓으면 〈그림 6〉이 된다. 자연스럽게 〈그림 7〉 석종교라는 다리는 오작교가 되고, 따라서 상생월드센터는 북극성이 된다! 따라서 앞으로 석종교 북쪽에 직녀성, 남쪽에 견우성을 상징하는 구조물이나 건물을 세

우면 더욱 운치가 있을 것이다. 북두칠성과 남두육성은 각각 천도 북쪽과 남쪽 끝에 있는 야산에 해당한다. 남두육성은 북두칠성보다 작고 어두워서 더 야트막한 남쪽 산에 어울린다. 북두칠성은 사시사철 보이지만 남두육성은 하추기에만 볼 수 있다.

• 〈그림 6〉 하추기 천도와 상생월드센터 건립지 주변 지도를 포갠 모습

• 〈그림 7〉 남쪽에서 바라본 석종교 (네이버)

　필자는 약 2년 전 이 글 내용을 깨달은 직후 극소수의 증산도 지도자들만 공유했다. 입이 근질근질 했지만 천기누설하지 않고 때를 기다렸다. 옛날 '세계일보'에 연재했던 필자의 칼럼 제목이 '박석재의 천기누설'이었는데……. 그러다가 마침내 2022년 6월 상생월드센터 착공식이 열렸고 그 자리에서 필자는 만천하에 천기누설했다. 그렇게 속이 시원할 수가 없었다. 그 천하 명당을 매입한 후 무려 20여 년 동안이나 비밀을 유지한 증산도 지도자들이 정말 위대해 보였다. 끝까지 기다리다 '잠깐!' 외치며 마지막 패를 던지는 최고 '타짜'의 모습이 뇌리에 스친다.

결론

앞에서 언급했듯이 상생월드센터 건립지가 풍수지리적 명당이라는 사실은 누군가 다시 소상히 밝혀줄 것으로 믿는다. 필자는 풍수천문이라는 분야가 있는지 모른다. 이 글과 같은 분석을 풍수천문이라 치면, 상생월드센터 건립지는 풍수천문적 명당이기도 하다. 천도의 북극성 위치에 있으니 말이다!

상생월드센터는 자연스럽게 세계 상생문화의 중심지가 될 것이다. 몇 년 후 맞이할 준공식은 지구촌 여기저기에서 몰려든 외국인들로 북적이지 않을까? 그렇다면 그 자리에서 세계적인 상생월드센터 주제가가 연주돼야 하지 않을까? 이런 생각을 하다 보니 이 글 내용으로 일단 주제가 가사를 만들고 싶었다. 그러던 중 어느 날 새벽 영감이 떠올라 아래 가사를 단숨에 써내려갔다.

상생월드센터

상생월드센터 어머님의 땅
산태극 계룡산 품속
하추기 오면은 직녀성 빛나네
어머님 옷고름이 그리워

상생월드센터 아버님의 꿈
수태극 금강 품속

오작교 건너면 견우성 빛나네
아버님 옷자락이 그리워

상생월드센터 상제님의 뜻
오성취루 축복한 하늘
사시사철 언제나 북극성 빛나네
상제님 발자국이 그리워

필자가 '개천가'를 작사작곡한 이후 10년이 넘는 세월이 지나는 동안 만든 노래 가사 중 두 번째 것이다(첫 번째 것 '삼성조시대'는 졸저 '개천혁명' 123쪽에 수록돼 있다). 일단 1절에는 어머님(직녀성, 산태극, 계룡산, 옷고름), 2절에는 아버님(견우성, 수태극, 금강, 옷자락), 3절에는 상제님(북극성, 오성취루, 하늘, 발자국)을 배치했다. 잠깐 고민하다가 음양 순서와 세계적 추세 'lady first'에 맞춰 어머님을 아버님보다 먼저 배치했다. 상제님이야 당연히 맨 나중에 나오시면 되겠고……. 각절의 셋째 줄에 하추기, 오작교, 사시사철을 배치해서 각각 시간, 공간, 영원을 상징했다. 완성하고 나니 3절이 마음에 걸린다. 신앙심 없는 필자가 상제님을 언급하려니 '뜻', '발자국' 부분이 좀……. 아직 시간 많으니 여러분의 고견 바란다. 참고로 1절의 '땅'은 〈그림 2〉를, 2절의 '꿈'은 〈그림 1〉을 상징하기도 한다.

작사를 마친 필자는 서둘러 작곡에 도전했는데 놀라운 발견을 했다. 가사가 영화음악의 거장 헨리 맨시니(Henry Mancini)의 '영광의 탈출(Exodus)' 주제가와 정확하게 일치하는 것이었다! 필자는 그만 작곡하고 싶은 의욕을 잃었다. 세계적으로 유명한 그 멜로디로 상생월드센터를 노래하면 되는 것 아닌가. 50년이 넘은 영화 주제가라 계약에도 큰 문제가 없을 것처럼 보인다. 더구나 이스라엘 건국을 배경으로 유태인의 선민사상을 노래한 곡이니, 우리 배달민족의 선민사상이 깔린 가사로 바꿔 부르며 유태인과 겨뤄보면 되지 않겠는가.

전해운 박사팀이 탄생시킨 상생월드센터 조감도를 보니 TV 드라마 '스타 트렉(Star Trek)'에 나오는 엔터프라이즈(Enterprise) 우주선이 생각났다. 신기하리만큼 서로 닮지 않았는가! 커크(Kirk) 선장과 승무원들이 이 우주선을 타고 유니버스로 떠난 것처럼, 안경전 선장과 세계 시민들이 상생월드센터 우주선을 타고 코스모스로 떠날 날이 기다려진다.

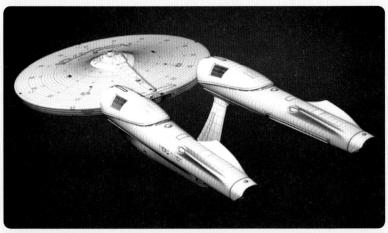

• 〈그림 8〉 엔터프라이즈 우주선 (영화 '스타 트렉')

『환단고기』 추천사

상생방송 '환단고기' 추천사 시리즈 중 가장 먼저 저자가 2012년에 발표했던 내용이다. 여기서 '오성취루'란 '환단고기'의 '단군세기'에 나온 흘달 단군 때 오성결집 기록을 말한다. 저자는 진심으로 안경전의 '환단고기'가 승천하는 대한민국 용의 여의주가 되리라 믿어 의심치 않는다.

학창시절 배운 국사 교과서에서 고조선이 건국된 BC 2333년부터 고구려가 건국된 BC 37년까지는 내용이 거의 없는 '블랙홀'이었다. 따라서 만일 고조선이 신화의 나라라면 우리 역사는 일본보다 짧은 2천 년에 불과하다.

　그런데 그 블랙홀 한복판에 천문관측 기록이 있으니 '환단고기'의 '오성취루'가 그것이다. 천문 소프트웨어를 돌려보면 실제로 BC 1734년 7월 중순에 화성·수성·토성·목성·금성 순서로 오성이 모인다. '환단고기'의 기록은 사실이고 천문대를 가진 고조선은 신화의 나라가 아니었음을 과학적으로 증명하는 것이다.

　개천절은 왜 10월 3일인가. 이것 또한 '개천 1565년 10월 3일 왕검을 단군으로 추대했다' 같이 요약되는 '환단고기'의 기록을 근거로 한 것이다. 즉 개천 1년에는 환웅의 배달 건국이, 즉 '진짜 개천'이 있었다는 뜻이다.

　개천절에 '진짜 개천'을 기념하지 않기 때문에 배달의 역사 1565년을 송두리째 잃어버리고 있다. 태극기를 만든 태호복희나 민족의 수호신 치우천자는 모두 배달 사람이다. 배달을 인정하지 않으면 우리 태극기는 중국제가 되고 '붉은악마' 또한 중국 응원단이 되는 것이다.

　　환웅이 풍백·우사·운사 세 신하와 3천 명의 천손을 거느리고 태백산 신단수 아래로 내려왔으니 이것이 '진짜 개천'의 모습이다. 호랑이 부족과 곰 부족 같은 지손은 환웅에게 천손이 되고 싶다고 간청했다. 환웅이 쑥·마늘을 먹으며 수양할 것을 요구하자 호랑이 부족은 포기했다. 하지만 곰 부족은 이를 완수해 여왕은 환웅의 아내가 되는 영광을 누린다……

'환단고기'의 천손이 지손을 교화하는 장면이다. 천손의 당당함으로부터 배달 민족의 '선민사상'을 느낄 수 있다. 이것이 세상을 널리 이롭게 한다는 배달의 개국이념 홍익이다. 즉 '우리는 누구인가' 질문에 대한 답은 천손이고, '우리는 어떻게 살아야 하는가' 질문에 대한 답은 홍익인 것이다.

나는 미국 유학시절 한국인의 민족정신을 물어온 외국인의 질문에 무척 당황한 적이 있었다. 아무리 생각해봐도 3·1 정신, 새마을정신, 화랑정신, 충무정신…… 어느 것 하나 내 가슴을 진정으로 채우고 있지 않았기 때문이었다. 대한민국의 개국이념이 개천사상이었음을 미처 깨닫지 못했던 것이다.

평화를 사랑하면 전쟁을 준비하라는 말처럼 세계화를 추진하려면 먼저 정체성을 분명히 해야 한다. 개천사상이라는 국민정신이 흔들리면 세계화는 의미가 없다. 여기서 사상과 종교를 혼돈하면 안 된다. 교회, 도장, 사원, 성당, 절…… 어디를 다니든, 종교가 없든, 대한민국 국민이라면 개천사상을 공부해야 한다. 다문화 가족 또한 예외가 될 수 없다. 국혼이 흔들리면 대한민국의 존재 자체가 위태로워질 수밖에 없기 때문이다.

역사상 가장 좁은 영토를 가지고, 역사교육도 제대로 못하며, 사대주의에 찌들어 사는 우리는 '가장 못난 후손'이다. 곰 부족과 호랑이 부족은 식민사학에 의해 곰 한 마리와 호랑이 한 마리로 둔갑했고, 그 결과 하늘의 자손 천손은 곰의 자손 웅손이 됐다.

그러다 보니 강대국 교포처럼 언행을 해야 대접을 받는 희한한 세계화가 진행되고 있다. 애국을 얘기하면 세계화에 역행하는 국수주의자로 낙인찍히는 분위기다. 이렇게 국혼이 흔들리고 이념으로, 종교로, 지연으로, 학연으로, 빈부로…… 사분오열된 나라에 과연 미래가 있을까.

나는 대한민국이 컴퓨터라면 다시 포맷하고 싶다. 대한민국은 개천사상을 바탕으로 다시 태어나야 하기 때문이다. 개천사상을 공부하는 가장 좋은 방법은 안경전의 '환단고기' 역주본을 읽는 것이다. 이 책을 읽으면 유라시아 대륙의 동쪽을 지배한 우리 조상들의 찬란한 역사를 만날 수 있다. 위대한 대한민국을 건설할 후손들의 밝은 미래를 발견할 수 있다.

안경전의 '환단고기' 역주본은 승천하는 대한민국 용의 여의주가 되리라 믿어 의심치 않는다!

• 상생방송 '환단고기' 추천사 화면

대통령 후보님께 드리는
편지

지난 2022년 대통령 선거 직전 윤석열, 이재명 후보에게 사단법인 대한사랑 이사장 입장에서 보낸 편지다. 이 책 '천손의 나라 대한민국'을 총망라한 내용이다. 비단 주머니는 아니지만 3개의 주머니에 담아, 즉 3개의 주제로 나눠 저자의 유튜브 채널을 통해 제안했다.

  첫째, 국호 대한민국에 걸맞게 국사를 바로잡으십시오
  둘째, 국기 태극기에 걸맞게 국학을 바로잡으십시오
  셋째, 바로잡은 국사와 국학을 바탕으로 국혼을 세우십시오

누가 대통령이 됐어도 이 세 가지 제안은 받아들여지지 않았을 것 같다. 여야를 막론하고 정치인들은 앞에서 언급한 바와 같이 대한민국을 이끌 경륜이 없어 보이기 때문이다. 결국 5년 뒤에 똑같은 편지를 다시 써야 하지 않을까 생각하니 눈물이 난다.

안녕하십니까.

저는 사단법인 대한사랑 이사장 박석재입니다. 저희 대한사랑은 정치, 종교, 지연, 학연 등과 무관한 애국애족 시민단체입니다. 저는 개인적으로 종교가 없으며 노무현, 이명박 대통령님 때 한국천문연구원장을 지내 좌파, 우파 인사로 분류돼 있지도 않은 사람입니다.

대통령 선거를 앞두고 나라 걱정에 잠을 이루지 못해 새벽에 일어나 이 편지를 쓰고 있습니다. 존경하는 대통령 후보님을 직접 뵙고 예의를 갖춰 전달하는 것이 옳은 줄 압니다만 기회가 없어 이렇게 영상으로 드리도록 하겠습니다. 짧게 쓰기 위해 거두절미하고 본론으로 들어가겠습니다. 이 편지는 전적으로 제 사견임을 밝힙니다.

대한민국의 근본은 하늘입니다. 우리나라는 하늘을 빼면 설명이 되지 않는 나라입니다. 우리나라의 모든 문제는 하늘에 길을 물어보면 풀립니다. 저는 평생 동서양의 하늘을 공부했습니다. 그 결과 위대한 대한민국을 위해서는 세 가지만 분명히 하시면 된다는 사실을 깨달았습니다. 후보님께서 대통령이 되시면 무엇을 하셔야 하는지 세 개의 주머니에 담아 감히 올립니다.

첫째 주머니
국호 대한민국에 걸맞게 국사를 바로잡으십시오

최근 우리나라 청소년들은 음식을 빨리 배달하고 택배 산업이 발달해서 우리를 배달 민족이라 부른다고 믿는답니다. 웃을 수만도 없는 일입니다. 어떻게 역사 교과서 어디에도 환웅배달이 나오지 않을까요? 환웅배달은 단군조선 이전 나라입니다. 단군조선도 신화라고 하는 판에 나올 리가 없지요. 후보님께서 대통령이 되시면 배달 민족의 역사 교과서에 환웅배달이라는 말이 나오도록 국사를 바로잡아주시기를 부탁드립니다.

후보님은 아직도 고려 국경이 평양과 원산을 연결하는 천리장성이라고 믿으십니까? 인터넷 항공사진을 보면 그곳에 단 한 개의 성도 없습니다. 이런 엉터리들이 아직도 공무원 국사 시험에 출제되고 있습니다. 고려 국경은 만주에 있었다는 사실이 최근 밝혀지고 있습니다. 후보님은 단군이 실재 인물이 아니라 신화의 인물이라고 믿으십니까? 후보님은 낙랑군이 북한 평양에 있었다고 믿으십니까? 후보님은 일본 임나일본부가 가야 땅에 있었다고 믿으십니까? 그렇다면 후보님은 식민사학에 속고 계신 것입니다.

일제강점기 일본은 조선사편수회라는 것을 만들어서 우리 역사를 날조했습니다. 그때 일본 사람 밑에서 식민사학을 배운 이병도 같은 역사학자가 해방 후에도 계속 강단에 섰습니다. 그러니까 이병도의 제자, 그 제자의 제자…… 계속 이어지면서 일부 역사학자들이 아직도 식민사학을 주장하고 있습니다. 이병도 같은 사람은 이완용 같은 사람보다 국가와 국민에게 훨씬 더 큰 죄를 지었습니다. 해방 후 77년이 지났는데도 학교에서 식민사학을 가르치고 있다는 사실은 정말 견딜 수 없는 수치입니다. 이러다 보면 해방 후 100년이 지나도 식민사학을 학교에서 배울 것처럼 보입니다.

국사를 바로잡지 못하니 많은 국민이 국호 대한민국이 무슨 뜻인

지도 모릅니다. 그 이름은 단군조선 영토를 마한, 번한(변한이 아님), 진한으로 나눠 통치한 역사에서 비롯됐습니다. 이 삼한을 통틀어 대한이라 불렀고 따라서 대한민국이란 곧 '단군조선의 나라'라는 뜻입니다. 이 전삼한은 나중에 반도 끄트머리에 자리 잡았던 후삼한, 즉 마한, 변한, 진한과 다른 것입니다. 설마 고종 황제께서 대한제국을 부르짖으시며 후삼한을 모델로 이름을 지으셨겠습니까?

공약을 하나 추천해드립니다. 후보님께서 강력한 K-History 정책을 펴겠다고 주장하시면 어떨까요? 대한민국의 물결, K-Wave 위대함을 온 세계에 홍보할 수 있지 않을까요.

둘째 주머니
국기 태극기에 걸맞게 국학을 바로잡으십시오

애국가에 나오는 하느님은 하늘을 숭앙하는 천손의 전통을 말해 주고 있습니다. 오죽하면 개천절, 즉 하늘이 열린 날 공휴일까지 가지고 있을까요. 서두에서 밝힌 바와 같이 대한민국은 하늘의 나라입니다. 우리는 하늘에 빌지 않고는 직성이 풀리지 않는 민족입니다. 하지만, 정말 놀랍게도, 많은 국민이 이를 전혀 인식하지 못하고 있습니다. 심지어 이런 사상을 미신이나 사이비 종교의 영역으로 치부하는 사람도 부지기수입니다. 하늘의 자손은 하늘을 잊은 것입니다.

현재 대한민국 학교에서 가르치는 하늘의 역사는 대부분 서양의 관점에서 기술됐습니다. 그러다 보니 서양 것은 과학적이고 옳은 반면 동양 것은 비과학적이고 그르다 믿는 국민이 늘어났습니다. 이런 편견이 뿌리 깊은 서양 사대주의를 낳고 그 결과 모든 분야에 악영향을 미치고 있습니다. 이 사대주의는 반드시 청산해야 마땅합니다.

가장 좋은 예가 교육과정에서 서양의 아리스토텔레스 4원소는 가르치면서 동양의 태호복희 5원소는 가르치지 않는다는 것입니다. 그 결과 대한민국 국민 대부분이 학창 시절 태극기의 원리를 제대로 배우지 못했습니다. 우리 태극기가 5,500년 전 태호복희가 만들었다는 사실은 당연히 모르고 심지어 중국에서 온 것으로 아는 사람도 부지기수입니다. 조상님들이 물려주신 태극기가 왜 자랑스러운지도 모르니 이는 정말 개탄스러운 일이 아닐 수 없습니다. 태극기는 세계의 수많은 국기 중 유일하게 우주의 원리를 바탕으로 만들어져 있습니다.

공약을 하나 추천해드립니다. 후보님께서 새 정부의 로고를 삼족오로 바꾸겠다고 주장하시면 어떨까요? 대한민국이 자랑스러운 단군조선과 고구려의 후예라는 사실을 온 세계에 홍보할 수도 있지 않을까요.

셋째 주머니
바로잡은 국사와 국학을 바탕으로 국혼을 세우십시오

우리 민족정신은 도대체 무엇일까요? 저는 미국 유학 시절 우리 민족정신이 무엇이냐고 물어온 외국인 질문에 무척 당황한 적이 있었습니다. 아무리 생각해봐도 3·1 정신, 새마을정신, 화랑정신, 충무정신…… 어느 것 하나 제 가슴을 진정으로 채우고 있지 않다는 사실에 놀라움을 금치 못했던 것입니다. 이는 한마디로 올바른 국학을 학창 시절에 배우지 못했기 때문이었습니다. 저는 평생 동서양의 하늘을 공부하며 우리 민족정신은 개천사상, 천손사상, 홍익사상이었음을 깨달았습니다.

……환웅이 풍백·우사·운사 세 신하와 3천 명의 천손을 거느리고 태백산 신단수 아래로 내려왔으니 이것이 개천이다. 호랑이 부족과 곰 부족 같은 지손은 환웅에게 천손이 되고 싶다고 간청했다. 환웅이 쑥과 마늘을 먹으며 수양할 것을 요구하자 호랑이 부족은 포기하고 만다. 하지만 곰 부족은 이를 완수해 여왕이 환웅의 아내가 되는 영광을 누린다…….

천손이 지손을 교화하는 장면으로부터 우리 민족의 선민사상을 느낄 수 있습니다. 이것이 세상을 널리 이롭게 한다는 환웅배달의 개국이념 홍익입니다. 즉 '우리는 어떻게 시작되었나?' 질문에 대한 답은 개천이고, '우리는 누구인가?' 질문에 대한 답은 천손이고, '우리는 어떻게 살아야 하는가?' 질문에 대한 답은 홍익인 것입니다. 여기서 우리는 개천사상, 천손사상, 홍익사상이 결국 모두 같은 것임을 깨닫게 됩니다.

곰 부족과 호랑이 부족은 식민사학에 의해 곰 한 마리와 호랑이 한 마리로 둔갑했고 그 결과 하늘의 자손 천손은 곰의 자손 웅손이 됐습니다. 역사상 가장 좁은 영토를 가지고, 역사교육도 제대로 못하며, 사대주의에 찌들어 사는 우리는 가장 못난 후손이 됐습니다.

평화를 사랑하면 전쟁을 준비하라는 말처럼 세계화를 추진하려면 먼저 정체성을 분명히 해야 합니다. 여기서 사상과 종교를 혼동하면 안 됩니다. 교회, 도장, 사원, 성당, 절(가나다 순)…… 어디를 다니든, 종교가 없든, 대한민국 국민이라면 개천사상을 공부해야 하는 것입니다. 다문화 가족 또한 예외가 될 수 없습니다.

최근 우리나라가 다민족국가로 변해가는 과정에 있어 우리 조상이나 민족을 거론하기가 점점 더 어색해지고 있다는 느낌입니다. 하지만 우리나라가 합중국은 아니지 않습니까. 엄연히 한국어, 한국인이 있는 나라입니다. 세계화 시대 개방과 포용은 수용하더라도 민족정신을 잃는 일은 없어야 합니다.

김치가 냄새가 나면 외국인들 앞에서 안 먹는 것이 아니라 모두 먹게 만드는 것이 세계화의 방향입니다. 세계화 시대 무슨 민족타령이냐 하며 설레발쳐서는 안 됩니다. 국혼을 잃고 세계화의 물결에 휩쓸리면 온 세계에 퍼져 있는 8,500만 배달 민족은 유랑민족이 될 수도 있는 것입니다.

국교가 없으니 사상이라도 종교 대신 국민을 정신적으로 묶는 공통분모가 돼야 하지 않겠습니까. 정치, 종교, 지연, 학연 등으로 사분오열된 이 나라를 어찌할 것입니까. 이 천박한 모습이 우리 대한민국의 한계입니까. 우리는 이 정도밖에 안 됩니까. 국혼이 죽으니 왜 독립을 유지하고, 왜 남북통일을 해야 하고, 왜 고토를 회복해야 하는지 그 이유조차 모릅니다.

공약을 하나 추천해드립니다. 후보님께서 21세기의 주몽이 되겠다고 주장하시면 어떨까요? 임기 5년 안에 무슨 일이 어떻게 벌

어질지 아무도 모르는 것 아니겠습니까.

편지를 마치며

현대문명을 누리며 사는 우리는 조상님들을 깔보기 쉽습니다. 하지만 하늘의 섭리를 따라 살아온 조상님들은 우리 후손에게 국호 대한민국과 국기 태극기를 물려주셨습니다. 후손들이 조상님들의 뜻을 몰라 나라를 망쳐놓고 있는 것입니다. 이 편지에서 드린 주머니들은 사실 선택이 아니라 필수입니다. 중국은 동북공정을 통해 북한 영토가 옛 중국 영토였다고 세계에 홍보하고 있습니다. 북한 김정은 정권에 변괴가 일어나면 중국군은 고토 회복이란 명분 아래 순식간에 압록강을 건너올 것입니다. 우리는 지금 무엇을 하고 있습니까?

배달 민족의 역사 교과서에 환웅배달이라는 말이 나오도록 국사를 바로잡으시려면 혁명을 해야 합니다. 단순히 개선하는 정도로는 이병도 카르텔을 깰 수가 없습니다. 물론 총칼을 드는 혁명이 아니라 '개천혁명'입니다. 우리 대한사랑과 같은 시민단체가 이루기에는 너무 힘에 부치는 과업입니다. 후보님께서 대통령이 되시면 혁명을 완수하시어 위대한 대한민국, Great Korea를 이루어 주시기 부탁드립니다.

중국 한나라 원년 10월에 수성, 금성, 화성, 목성, 토성, 즉 오성이 모이자 한고제가 천명을 받은 것으로 여겼습니다. 이 기록이 세종 때 이순지가 편 '천문류초'에 나옵니다. 후보님께서 대통령에 당선되시면 취임 직후 6월에 오성이 새벽하늘에 모여 축하할 것입니다. 이번에 당선되시는 분은 정말 하늘이 점지하셔서 대통령이 되시나 봅니다.

취임하시면 임기 안에 우리나라 과학계의 기념비적인 행사가 있을 것입니다. 우리나라와 미국, 호주가 같이 만드는 세계 최대 지름 25미터 차세대 천체망원경 GMT(Giant Magellan Telescope)가 칠레 안데스 산맥 봉우리에 준공되는 것입니다. 한마디로 신라가 첨성대를 세웠다면 대한민국은 GMT를 세우는 것입니다. 특히 일본과 중국을 앞질러 천손의 후예 위상을 공고히 하는 역사적 의미가 있습니다.

선진국에서는 천문학 위상이 매우 높습니다. 영연방 나라들이 커다란 천체망원경을 준공할 때 영국 황실에서 직접 참석하는 것을 보면 참 부러웠습니다. 세계를 제패하고 그리니치 천문대를 운용하며 본초 자오선을 유치한 영국의 위상을 새삼 느꼈습니다. 대통령이 되시면 비록 거리는 멀지만 준공식에 꼭 참석하시기 부탁드립니다. 아마 미국이나 호주도 국가 원수가 올 것입니다. 설마 신라 선덕여왕님이 첨성대 준공식에 오지 않으셨겠습니까.

편지를 최대한 짧게 쓰려고 하다 보니 내용이 많이 압축돼 설명이 부족한 점 양해가 있으시기를 바랍니다. 후보님께 하늘의 축복이 있기를 기원하며 이만 줄이겠습니다.

안녕히 계십시오.

2022년 2월 26일
대한사랑 창립 9주년을 맞이하여
대한사랑 이사장 박석재 드림